EmmeEmmePo
Edizioni

DATO IN STAMPA NEL MESE DI SETTEMBRE DELL'ANNO 2016
da EmmeEmmePo Edizioni

Presso: lulu.com
Regno Unito - 3101 Hillsborough St.
Raleigh, NC 27606-5436, Stati Uniti – P. I. 975 0935 85
Francia – Chez Fiscal Solutions Sarl 23
Rue du Clos d'Orleans 94 120
Fontenay sous Bois – P. I. FR90524670213
Italia – Lulu Enterprises, Inc.
Fiscalmente rappresentata conformemente all'art.17 comma 3 DPR 633/72 da
KPMG Fides Servizi d i Amministrazione Spa, Via Vittor Pisani, 27 –
20124 Milano – P. I. IT07301070962

http://www.lulu.com/spotlight/EmmeEmmePo

EmmeEmmePo
Edizioni

Foto della prima di copertina: un gigantesco internato con le catene spezzate, in via Matteo Renato Imbriani, a Napoli, in quello che è noto come Ex-OPG "Je so' Pazzo", laddove era l'oramai ex Ospedale Psichiatrico Giudiziario. Autore dell'enorme opera è **Blu,** street artist italiano molto attivo a Bologna, ma noto in tutto il mondo, con opere realizzate a Managua, San Paolo, Betlemme, Londra,...un po' ovunque nel mondo. Una delle sue opere fu indicata nel 2011 dal The Guardian come una delle 10 migliori opere di street artist in circolazione.

Foto dell'ultima di copertina: Il cartello stradale di S. Maria di Calice al Cornoviglio (Sp), dove sorgerà l'unica REMS della regione Liguria.

Roberto Sbrana

Andrea Russo

I "REI FOLLI"

cambiano casa:

dagli O.P.G. alle R.E.M.S.

**(dagli Ospedali Psichiatrici Giudiziari
alle Residenze Esecuzione Misure Sicurezza)**

EmmeEmmePo Edizioni

EmmeEmmePo
Edizioni

"...perché la vita è un brivido che vola via:

è tutto un equilibrio sopra la follia..."

(tratto da "SALLY" di Vasco Rossi)

EmmeEmmePo
Edizioni

INDICE

CAPITOLO PRIMO

EVOLUZIONE STORICA

CAPITOLO SECONDO

OPG: UNA MISURA DI SICUREZZA

CAPITOLO TERZO

RITRATTO DEGLI OPG IN ITALIA: DATI E STATISTICHE

CAPITOLO QUARTO

LE LEGGI PER LA CHIUSURA DEFINITIVA DEGLI OPG

CAPITOLO QUINTO

LA REGIONE LIGURIA – PROGETTO REMS

Prefazione

Nell'anno 2005 l'Organizzazione Mondiale della Sanità pubblica il seguente volume: "Vademecum di riferimento per la salute mentale. I diritti dell'uomo e la legislazione. No all'esclusione, si alle cure"[1].

Il primo capitolo è dedicato alla contestualizzazione della legislazione sulla salute mentale, qui sotto, in estrema sintesi, sono riportati alcuni concetti che attraversano la recente legislazione Italiana e che sono il cuore del lavoro di Roberto Sbrana e di Andrea Russo; ad un certo punto si affronta la questione dei "Diritti dei «criminali malati di mente»" e si osserva: "La necessità di essere legalmente giusti nei confronti di persone che hanno commesso un reato, a causa di disturbi mentali, …, è un ulteriore motivo per cui la normativa in materia di salute mentale è essenziale. … La maggior parte della legislazione riconosce che ci sono persone che non esercitano il controllo sulle loro azioni a causa del disturbo mentale … . Ma il modo in

---

[1] "Ouvrage de référence sur la santé mental. Les droites de l'homme e la législation. Non á l'exlusion, oui oux soins". Organisation Mondial de la Santé. 2005

13

cui questi individui sono considerati e affrontati spesso non viene presentato nella normativa o, se lo è, la presentazione è mal fatta, portando spesso alla violazioni dei diritti dell'uomo. ... La legislazione sulla salute mentale può stabilire procedure su come trattare persone con disturbi mentali che commettono reati

Nel capitolo n. 15 dal titolo: "Disposizioni legislative in riferimento a criminali malati di mente" si afferma che "... la legislazione sulla salute mentale può e deve fornire un quadro per il trattamento ed il sostegno piuttosto che una punizione.

Questo quadro dovrebbe anche permettere alle persone con disturbi mentali il trasferimento dal sistema di giustizia penale al sistema per la salute mentale in qualsiasi fase".

Si sollecitano i governi ad "...implementare misure di salvaguardia nel sistema di giustizia penale per le persone con disturbi mentali, ad utilizzare la carcerazione in circostanze molto rare; inoltre, la legge può aiutare a proteggere nel contempo la sicurezza pubblica fornendo trattamenti umanitarie per i trasgressori con disturbi mentali

e permettere loro di ricevere cura e riabilitazione appropriata
…".

Le raccomandazioni dell'OMS, per una specifica legislazione sanitaria in materia di reati in contesto di malattia mentale, restano, nel nostro paese, del tutto inascoltate per anni, fino a quando la politica più illuminata - non gli operatori del settore, purtroppo – si accorge del problema delle reclusione infinita, perduta nell'oblio, di persone che commessi reati di poco conto restano segregate a volte per tutta la vita in Ospedali Lager, abbandonati a sé stessi.

Nell'anno 2011 va a in stampa l'inchiesta della Commissione Parlamentare presieduta dal Senatore Ignazio Marino sulla situazione degli OPG in Italia[2]. Nelle conclusioni si afferma: "Nel rassegnare al Senato della Repubblica la presente relazione, ai sensi dell'articolo 20 del regolamento interno, la Commissione formula l'auspicio che le Istituzioni possano

---

[2] COMMISSIONE PARLAMENTARE DI INCHIESTA SULL'EFFICACIA E L'EFFICIENZA DEL SERVIZIO SANITARIO NAZIONALE. Istituita con deliberazione del Senato del 30 luglio 2008. "RELAZIONE SULLE CONDIZIONI DI VITA E DI CURA ALL'INTERNO DEGLI OSPEDALI PSICHIATRICI GIUDIZIARI". Presidente sen. Ignazio Marino. Relatori sen. Michele SACCOMANNO e sen. Daniele BOSONE. Approvata dalla Commissione nella seduta del 20 luglio 2011, 2011.

conoscere per deliberare: deliberare il superamento di una situazione di fatto e di diritto che, per molti aspetti, è del tutto incompatibile con i dettami della Costituzione. A tale riguardo, una proficua occasione di dibattito e deliberazione potrà essere rappresentata dalla discussione, da parte dell'Assemblea del Senato, del presente documento. La Commissione si riserva comunque – anche ad horas, rispetto alle situazioni che pongono a repentaglio diritti di rango costituzionale – ogni ulteriore iniziativa consentitale dalla deliberazione istitutiva e dalla Costituzione". Il merito di tale Commissione è stato quello di portare alla luce il problema e di innescare il percorso legislativo per il superamento degli OPG. Il percorso non è stato lineare, ha impiegato ancora molti anni e non si è ancora concluso ad oggi.

La denuncia sulle condizioni degli internati in OPG viene fatta oltre che dall'interno delle Istituzioni dello Stato anche da giornalisti della carta stampata, ad esempio Adriana Pannitteri scrisse "La pazzia dimenticata"[3], un viaggio di denuncia delle condizioni descritte nella Relazione Parlamentare citata. L'autrice, nelle conclusioni, ha avuto

---

[3] "La pazzia dimenticata", Adriana Pannitteri, L'asino d'oro edizioni s.r.l., Roma, 2012.

una intuizione che è riflessione odierna: "Abolire gli Ospedali Psichiatrici per legge, senza vigilare sul futuro di tutte quelle persone che avevano ed hanno bisogno si cure, potrebbe portare al ripetersi di tragici errori del passato. Abbandonarle significherebbe, ancora una volta, dimenticare la pazzia, o peggio, far finta che la pazzia non esiste". Anche il giornalismo televisivo si occupò della questione, se ne parlò a "Presadiretta", di Riccardo Iacona, il 20 marzo 2011, dal sito della trasmissione si rilevava: "Per la prima volta in onda a « Presadiretta » le terribili immagini che la Commissione d'inchiesta sul Servizio Sanitario Nazionale ha girato negli ex manicomi giudiziari. Le telecamere di Francesco Cordio hanno seguito il lavoro dei parlamentari che sono entrati senza preavviso nelle fatiscenti strutture. Quello che hanno trovato è atroce. Il senatore Ignazio Marino del PD, presidente della commissione sarà in Studio con Riccardo Iacona per raccontare il lavoro di inchiesta svolto con Michele Saccomanno del PDL e Daniele Bosone del PD".

Le note di cui sopra per dire ancora che i professionisti della mente hanno trascurato abbondantemente la questione - si tornerà più sotto sull'argomento -, se ne sono occupati altri, l'OMS, il legislatore, il giornalisti.

La prefazione al lavoro di Roberto Sbrana e Andrea Russo è "semplice e difficile" allo stesso tempo. La semplicità è data dal fatto che lo studio del problema del passaggio dall'internamento in Ospedale Psichiatrico Giudiziario delle persone che commettono reati e allo stesso tempo soffrono di alcuni disturbi psichiatrici che li rendono non imputabili – argomento ben affrontato nel testo – ad una condizione di "detenzione" che mette in primo piano la cura e la restituzione al contesto di vita, in via teorica, il tutto ha una linearità evidente allo stato attuale delle conoscenze dell'influenza negativa di alcuni disturbi psichici (in particolare: psicosi deliranti e schizofreniche, disturbi bipolari, disturbi da uso di sostanze, disturbi di personalità, tutti in diagnosi singola o associata) sulla consapevolezza del comportamento aggressivo – violento – disturbante e delle possibilità di cura – riabilitazione – recovery; allo stesso tempo la norma attuale impone alla Magistratura della cognizione, giudicante e della sorveglianza, l'avvio dei "Rei Folli", ad un trattamento che non mette in primo piano, contrariamente a quel che si sta verificando e si crede, l'inserimento nelle REMS ma le cure presso i Dipartimenti di Salute Mentale competenti in relazione al luogo di residenza del - a questo punto – paziente. Le REMS o altre strutture residenziali o semi residenziali possono o meno far parte del circuito del trattamento. Fin qui tutto apparentemente semplice.

Il difficile avviene subito dopo, quando, sul campo, si cerca di applicare tale linearità; infatti, la norma giuridica e la teoria clinica (psichiatrica, psicologica, e così via) trova del tutto impreparati gli attori (giudici, operatori della salute mentale, istituzioni sanitarie e di servizio sociale) in gioco nelle procedure realizzative, in particolare nel nostro Paese.

Come ben descritto nel volume, in Italia abbiamo avuto una storia degli OPG del tutto avulsa dal servizio sanitario e completamente asservita alla custodia di stampo penitenziario; allo stesso modo la Salute, in senso lato, è entrata da pochi anni, forse dieci – quindici, nel circuito penale, garantendo assistenza a tutta la popolazione carceraria, processo, in ogni caso, non del tutto compiuto su tutto il territorio nazionale. In particolare nel settore Psichiatrico Giudiziario, le società scientifiche Psichiatriche e Psicologiche si sono ben guardate, nel corso degli anni, di "mettete il naso" in quell'ambiente; da qui la condizione attuale di impreparazione ad affrontare nel territorio il nodo dei pazienti psichiatrici autori di reato.

Solo negli ultimi tre anni si è creato un moto di acquisizione di consapevolezza, tra gli attori in campo, della necessità di considerare quei pazienti come gli altri, con le dovute specificità; entrambe le condizioni portano a determinare un percorso di crescita culturale, clinica, diagnostica e di trattamento del tutto specialistici all'interno delle discipline psicologiche, psichiatriche e riabilitative; allo stesso tempo si rileva la necessità di un cambio di approccio al problema anche da parte dei vari settori della Magistratura e degli Avvocati difensori dei pazienti. Un capitolo complesso questo, poiché determina l'attivazione di procedure di lavoro integrate tra i Magistrati, i Difensori ed i Curanti così come da parte dei Periti (CTU o CTP).

Nel contesto Europeo tali questioni sono, in alcuni paesi in particolare Anglosassoni, da tempo affrontati ed in qualche modo formalizzati. In ogni caso le pratiche psichiatriche forensi non sono lineari nei paesi Europei, la materia non ha stabilità e concettualizzazioni comuni; risentono in modo importante di questioni politiche ed ideologiche, religiose e filosofiche (ad esempio il conflitto tra volontarismo e determinismo)[4]. Oscillano continuamente tra cura - riabilitazione e protezione della società dai criminali (di solito nei diversi paesi i criminali con malattia mentale scontavano e scontano un periodo di non libertà maggiore dei non malati per lo stesso reato). Generalmente, nel settore, è prevalsa la parola degli avvocati e dei magistrati rispetto a quella dei professionisti della salute mentale I medici prima e gli psichiatri poi sono entrati nelle aule dei tribunali essenzialmente per formulare la diagnosi cui è connessa la capacita d' intendere e volere con la relativa punibilità o meno (nei primi anni dell'800).

Nello stesso periodo si sposta, da punto di vista giuridico, il concetto dell'atto violento come risposta plausibile ad una eventuale provocazione, verso la concezione dell'uomo ragionevole, capace di controllare impulsi e passioni: qui, in questa incapacità di ragionevolezza e controllo, si fa strada la non punibilità del malato mentale. A partire dal 1840 in

---

"Madness and crime: historical perspectives on forensic psychiatry". Harry Oosterhuis et all. Int J Law Psychiatry. 2014 Jan-Feb;37(1):1-16.

.

Europa si iniziano a costruire gli OPG (1850, il Dundrum Central Criminal Asylum, Dublino, in Italia l'OPG di Aversa risale al 1876), dove nel XX secolo, dopo la II guerra mondiale, in particolare nei paesi anglosassoni si fa spazio il ruolo dello psichiatra forense in ambito giudiziario e terapeutico. Il rapporto tra gravità del reato, entità della responsabilità, diagnosi e trattamento diversificato si fa strada, si passa da un sistema di pena reclusiva, sebbene in OPG standard per tutti, alla flessibilità e gradualità della pena e limitazione della libertà. In modo variegato nei differenti paesi. Si stringe il rapporto tra avvocati, magistrati e psichiatri forensi, di solito di più nei paesi nord europei di meno nei paesi continentali. Gli psichiatri, in genere, hanno poco potere nel decidere le sorti dei pazienti; un cambio di rotta si assiste, in particolare nei paesi del Nord America del Nord Europa, tra la fine del secolo scorso e quello attuale. Ad esempio in Canada si assiste alla Costituzione di una Commissione per la Salute Mentale (Mental Health Commission) giuridicamente valida composta dal magistrato, dall'avvocato del paziente, dal consulente psichiatra - perito, dai curanti; si decide una prassi secondo cui vi è ascolto del paziente e dei familiari al momento delle decisioni sulle misure di intensità di sicurezza e del passaggio da una condizione di maggiore a minore sicurezza (restrizione della libertà personale) (Mental Health Act, 2001 – Oireachtas, 2001)[5]; al coinvolgimento dei pazienti e dei familiari nei piani di cura (EUNOMIA, 2011)[6]; fino a previlegiare il trattamento comunitario (territoriale: domicilio – ambulatorio) possibile nel 40% dei casi (O'Donoghue, 2010)[7].

In conclusione possiamo dire che nel nostro paese abbiamo una legislazione sanitaria avanzata, che recepisce le direttive dell'OMS del 2005, non abbiamo il coordinamento tra questa legislazione e quella penale e procedurale, così come non esiste una psicologia e psichiatria forense con un corpus dottrinario relativo alla clinica ed al trattamento delle persone autrici di reato con disturbi mentali; infatti de due discipline si occupano da tempo di perizie e non di altro,

---

[5] "Five years after implementation: A review of the Irish Mental Health Act 2001". Hugh Ramsay et all. International Journal of Law and Psychiatry 36 (2013) 83–91

[6] "How to improve clinical practice on involuntary hospital admissions of psychiatric patients: Suggestions from the EUNOMIA study". A. Fiorillo et all.. European Psychiatry 26 (2011) 201–207

[7] "Attitudes towards Compulsory Community Treatment Orders and Advance Directives among patients previously admitted involuntarily under the Mental Health Act 2001". O'Donoghue, B., Lyne, J., Hill, M., O'Rourke, L., Daly, S., & Feeney, L. (2010). Irish Journal of Psychological Medicine, 27(2), 66-71.

contrariamente ad altri paesi dove accanto alla perizia si assiste alla presa in carico, alla cura ed alla riabilitazione mediante una competenza specifica forense in senso lato. Da qui nascono i problemi attuali della complessiva presa in carico dei pazienti psichiatrici autori di reato. Il volume di Roberto Sbrana e di Andrea Russo rappresenta, tra l'altro, un tentativo di colmare gli iati presenti nelle discipline citate.

Sarzana, Settembre 2016

<u>Rosolino Vico Ricci</u>
Psichiatra e Psicoterapeuta,
Specialista in Psicologia Medica.
Libero Professionista

Premessa

I Rei Folli sono le persone ritenute dalla Legge Italiana incapaci d'intendere e di volere e, in quanto tali, non punibili nel momento in cui hanno commesso dei reati. L'incapacità d'intendere e di volere è una valutazione di Periti, solitamente Psichiatri e Psicologi, che viene fatta propria dal Giudice.

Sino ad oggi i Rei Folli venivano chiusi in OPG, cioè in Ospedali Psichiatrici Giudiziari, dove rimanevano sinché non fossero stati ritenuti e certificati "guariti" dalla loro malattia.

In buona sostanza, non avevano, come gli altri "semplici Rei-non Folli", una data di Fine Pena: il loro Fine Pena era l'eventuale guarigione.

Nel corso dei decenni, però, abbiamo assistito a "dimissioni" dagli OPG rarissime e quindi più che la guarigione era la loro morte che li faceva uscire.

Una sorta di "Ergastolo Sanitario".

Come la Legge Basaglia aveva circa 40 anni fa chiuso i Manicomi, dando vita all'assistenza Psichiatrica Territoriale, così oggi stiamo assistendo alla chiusura degli OPG ed alla nascita delle REMS (Residenze per l'Esecuzione di Misure di Sicurezza); nuove Strutture, regionalizzate e per fornire risposte sanitarie e di controllo sociale nei confronti dei casi più gravi di Rei Folli.

Un passaggio storico, complesso, delicato e difficilissimo, che, però, rappresenta un salto di qualità nell'intervento ed un salto di civiltà nella nostra cultura giuridico-psichiatrica-psicologica.

Quindi, i Rei Folli stanno cambiando casa: dagli OPG alle REMS, una delle quali, nella nostra Regione Liguria, avrà sede nel territorio Spezzino, sopra a Calice al Cornoviglio.

INTRODUZIONE

La misura di sicurezza dell'ospedale psichiatrico giudiziario (OPG), noto dalla fine dell'Ottocento come manicomio criminale, rappresenta la risposta dell'ordinamento giuridico penale italiano alla problematica del folle autore di un fatto considerato reato secondo la legge.

La nascita, la storia, l'evoluzione e la disciplina di questo istituto sono state affrontate e analizzate dalla ricerca psicologica, criminologica e giuridica. Motivo di tanto interesse sono state proprio le questioni e le problematiche che ha sollevato questa "istituzione totale", così definita dal sociologo canadese Erving Goffman nel suo celebre Asylums; ibrido tra manicomio e carcere, senza essere esattamente nè l'uno nè l'altro, ma qualcosa di diverso e di più di ciascuno di questi, una sorta di loro combinazione e sovrapposizione.

Nato all'interno dell'organizzazione penitenziaria e destinato ad accogliere i soggetti detenuti con indubbia presenza di malattia psichica e dalla difficile gestione negli istituti carcerari, il manicomio giudiziario ha più volte seguito nel tempo i flussi e i reflussi culturali derivanti dal mutevole clima socio-politico in materia di trattamento della devianza carceraria e della delinquenza.

In questa disamina si cercherà di mettere in luce la complessità delle tematiche che si sono intrecciate nell'applicazione della sola misura di sicurezza dell'OPG, e come si è arrivati al superamento dello stesso e alla nascita delle REMS (Residenze Esecuzione Misure di Sicurezza).

Tracciando una breve e sintetica panoramica iniziale, si noterà come, tra le molteplici questioni da affrontare relativamente a questa specifica misura di sicurezza, vi siano:

• Il bilanciamento dell'ordinamento tra due diverse e, per certi versi, opposte esigenze: la difesa sociale della collettività in contrasto con la tutela della salute e il diritto del singolo alla cura ed alla riabilitazione.

• Il principio di legalità e la sempre più spiccata tendenza alla personalizzazione della pena e alla discrezionalità del giudice nell'individuazione del trattamento. In particolare, quest'ultima tendenza è sfociata nell'enunciazione del principio di flessibilità della disciplina delle misure di sicurezza e, nello specifico, del principio di sussidiarietà dell'OPG.

- La difficile definizione del concetto di pericolosità sociale e il sistema delle presunzioni, ovvero gli indicatori di pericolosità presunta (conditio sine qua non che stabilisce la pericolosità del soggetto a prescindere da effettivi accadimenti, per esempio le persone affette da sordomutismo) nel codice Rocco.

- L'imputabilità come contenitore astratto di diversi orientamenti dottrinali e la sua relatività in rapporto ai diversi ordinamenti.

- L'irrisolta questione dei manicomi e dei malati mentali necessitanti cura senza aver commesso fatti penalmente rilevanti.

- L'inadeguatezza dell'OPG come misura riservata a situazioni del tutto specifiche come quelle del minore, del tossicodipendente, del semi-infermo, dell'ubriaco cronico.

- La collaborazione ancora in itinere tra mondo del diritto, della psichiatria e della criminologia.

- Il confronto tra la Legge di Riforma, alcune ipotesi precedenti di riforma della disciplina normativa rilevante, disamina delle confliggenti posizioni dottrinali e giurisprudenziali.

- La questione della non imputabilità, ovvero la domanda se la presunzione del disturbo mentale sia sufficiente a sottrarre alla persona ogni responsabilità rispetto al suo agire.

- Lo stato e la qualità dei servizi di salute mentale nel nostro Paese, le condizioni difficili in cui sono spesso costretti a lavorare gli operatori, le buone e le cattive pratiche delle realtà territoriali.

- Il processo di coinvolgimento delle famiglie degli utenti e la corretta informazione della cittadinanza, nel tentativo di contrastare stigma e pregiudizio sociale particolarmente radicati nei confronti dei **"folli rei"**.

Anticipiamo inoltre che la normativa in materia non ha subito per lungo tempo modifiche significative, almeno fino all'approvazione in Parlamento di due diversi testi legislativi, a distanza di quasi 25 anni l'uno dall'altro, 1978 e 2011. La prima "scossa" si è avuta appunto, con l'emanazione, il 13 maggio 1978, della cosiddetta "Legge Basaglia" rubricata come "Norme per gli accertamenti e i trattamenti sanitari volontari e obbligatori". Tale fondamentale, quanto discussa riforma decretò la volontarietà del trattamento delle malattie mentali, limitando le terapie coercitive a pochi e residuali casi, in cui fossero presenti i presupposti per l'applicazione del Trattamento Sanitario Obbligatorio, in sigla TSO[8]. La seconda è consistita nella norma approvata nel contesto della conversione in legge del decreto legge 22 dicembre 2011, n. 211 (la cosiddetta "Svuota Carceri"). L'articolo 3-ter della Legge 17 febbraio 2012, n. 9, avente ad oggetto le "Disposizioni per il definitivo superamento degli ospedali psichiatrici giudiziari", ha decretato quale termine per il completamento del processo di superamento degli OPG – come del resto già previsto dall'allegato C del decreto del

---

[8] **BASAGLIA F., L'istituzione negata**, rapporto da un ospedale psichiatrico, Milano, 1998, pag. 23 e seg.

Presidente del Consiglio dei Ministri 1° aprile 2008 e dai conseguenti accordi sanciti dalla Conferenza unificata ai sensi dell'articolo 9 del decreto legislativo 28 agosto 1997, n. 281, nelle sedute del 20 novembre 2008, 26 novembre 2009 e 13 ottobre 2011 – la data del 30 marzo 2013.

Il Decreto-Legge n. 52 del 31 marzo 2014, "Disposizioni urgenti in materia di superamento degli ospedali psichiatrici giudiziari", al fine di consentire alle regioni e province autonome di completare tutte le misure e gli interventi strutturali già programmati, finalizzati ad assicurare l'assistenza terapeutico-riabilitativa per il recupero e il reinserimento sociale dei pazienti internati provenienti dagli ospedali psichiatrici giudiziari, modifiche all'articolo 3-ter del decreto-legge 22 dicembre 2011, n. 211, convertito, con modificazioni, dalla Legge n. 9 del 17 febbraio 2012, ha apportato le seguenti modificazioni:

a) al primo periodo, le parole: « *1° aprile 2014* » sono state sostituite dalle seguenti: « *31 marzo 2015* ».

b) «Il Giudice dispone nei confronti dell'infermo di mente l'applicazione di una misura di sicurezza diversa dal ricovero in un Ospedale Psichiatrico

Giudiziario, salvo quando sono acquisiti elementi dai quali risulta che ogni altra misura diversa non è idonea ad assicurare cure adeguate ed a fare fronte alla sua pericolosità sociale. Allo stesso modo provvede il Magistrato di Sorveglianza quando interviene ai sensi dell'articolo 679 del Codice di Procedura Penale.».

Infine, la Legge 81 del maggio 2014 ha disposto che dal 1 Aprile 2015 gli Ospedali Psichiatrici Giudiziari non avrebbero più accettato nuovi ingressi e avrebbero dovuto procedere alla chiusura.

Rifletteremo quindi, sui dati inerenti la popolazione delle strutture presenti sul territorio italiano, con particolare attenzione alle sue caratteristiche psicosociali e sanitarie (origine, età, cultura media, malattie diagnosticate), alle strutture in cui tali soggetti sono stati internati (staff, servizio sanitario, volontari) e ai trattamenti ad essi riservati.

Concluderemo con alcune note relative alla situazione della Regione Liguria, in particolare per quanto riguarda il progetto per la realizzazione di una struttura REMS (Residenza Esecuzione Misure di Sicurezza) nella provincia della Spezia, la cui apertura è prevista per il mese di giugno 2017.

CAPITOLO PRIMO

EVOLUZIONE STORICA

1.1 Le basi ideologiche

Al fine di comprendere appieno l'origine e le motivazioni che hanno portato alla nascita del codice penale vigente, appare indispensabile ripercorrere storicamente il dibattito dottrinale che contrappose gli esponenti della Scuola Classica a quelli della Scuola Positiva e che rappresentò l'humus dal quale trassero origine le misure di sicurezza.

La Seconda metà dell'Ottocento vide accendersi un notevole interesse della neonata scienza criminologica italiana verso un diritto penale incentrato sulla figura dell'autore del reato. Tale concezione privilegiava, ai fini della definizione della normativa in materia e dei principii ispiratori di questa, uno studio della psiche e dei fattori determinanti l'azione del reo, a scapito, almeno in parte, dello stesso fatto illecito. Alla diatriba fra le due principali correnti di pensiero della Scuola Classica e quella Positiva, venne ad affiancarsi, in un momento successivo, il contributo teorico di una Terza Scuola, detta anche Scuola Eclettica o Tecnico-Giuridica.

Nell'ambito della politica criminale, la cosiddetta Scuola Classica vantava una diretta discendenza dal patrimonio giuridico romano ed era ispirata ai principii del pensiero liberale, assumendo come cardine ideologico quello dell'uomo dotato di libero arbitrio e pertanto pienamente responsabile dei propri atti. L'uomo veniva ritenuto capace di operare le proprie scelte in maniera conscia, volontaria ed autonoma. Tutto ciò con la diretta conseguenza, nell'ambito del diritto penale, di un rigoroso rapporto tra grado della colpevolezza e misura della pena.

Tre furono, in sostanza, i principii fondamentali alla base di tale posizione teorica: la "volontà colpevole", l'imputabilità e la "retribuzione". Concezione basata sul "sistema tariffario", tale dottrina prescindeva ovviamente da qualsiasi considerazione relativa a motivazioni socio-ambientali o alla personalità del reo, al quale veniva attribuita un'ideale ed assoluta libertà nella scelta delle proprie azioni. L'imputato risultava quindi costantemente e pienamente responsabile dei propri atti, senza la previsione di una qualsivoglia forma di condizionamento che potesse interferire nel suo agire. Ovviamente, tale posizione, pur presentando alcuni pregi, tra cui la razionalizzazione e legalizzazione del sistema penale, si prestava a numerose critiche, fra cui l'eccessiva astrattezza dei principi ispiratori, primo fra tutti la poco realistica definizione del soggetto come assolutamente libero, la scarsa elasticità e varietà di strumenti per la prevenzione della criminalità e, senza dubbio, la poca attenzione rivolta a rieducazione e reinserimento del soggetto nella società.

Non era prevista infatti, in tale prospettiva, nè alcuna misura riabilitativo-sociale, nè alcuna misura di controllo sociale, risultando le stesse inconcepibili per la mancanza dei presupposti fondamentali.

Fu anche in base a tali valutazioni che venne ad affermarsi successivamente la dottrina elaborata dalla Scuola Positiva nel Secondo Ottocento. Questa, che vedeva tra i suoi principali fondatori la figura di Cesare Lombroso[9], affermava il primato del modello psichiatrico su quello

---

[9] Il suo testo **"Uomo delinquente"** del 1876 segnò la nascita stessa dell'Antropologia Criminale.

giuridico-normativo e privilegiava una concezione "patologistica" e deterministica del criminale.

Nell'ambito dell'indirizzo sociologico, invece, taluni inneggiavano al cosiddetto determinismo sociale, mentre Lombroso ne teorizzava uno di stampo biologico. Tale orientamento sosteneva poi l'equivalenza dell'uomo delinquente e di quello nato pazzo, riconoscibile per determinate caratteristiche somatiche correlate a specifiche patologie mentali. Nasceva così lo stereotipo del "delinquente nato", come lo definì Ferri, inteso quale soggetto più simile ad un essere primitivo, piuttosto che umano, e caratterizzato da una condotta violenta, sproporzionata e incontrollabile.

Il determinismo di Lombroso portava così inevitabilmente alla negazione del libero arbitrio e della volontà individuale, in posizione diametralmente opposta rispetto alla Scuola Classica.In tal modo, nell'ambito giuridico si sostituiva al principio della "responsabilità morale" quello della "responsabilità sociale", al principio della punizione, quello del controllo e della difesa sociale. I "socialmente pericolosi" dovevano così essere sottoposti alla misura di sicurezza del manicomio criminale, invece che alla pena, con durata spesso indeterminata, in base alla loro perdurante pericolosità. In sintesi, secondo la concezione positivistica, il delitto costituiva il risultato di una predisposizione di forze determinanti insite nell'individuo e la pena doveva quindi essere la misura di difesa sociale commisurata alla pericolosità del reo.

Mentre le diatribe e i dibattiti parlamentari si protraevano, compariva all'interno dell'amministrazione penitenziaria la Sezione per Maniaci presso la Casa Penale per Invalidi di Aversa. Fu così che nel 1876 nasceva, come sezione di un carcere, il primo manicomio giudiziario italiano, senza che alcuna legge lo avesse deliberato, promosso semplicemente da un atto amministrativo. La realtà richiedeva evidentemente soluzioni immediate che la teoria, e le molteplici sfaccettature delle problematiche sottese, non avevano permesso ancora di trovare. C'erano stati, infatti, diversi progetti di legge che si occupavano della presente tematica, ma nessuno di questi, nè quello di Nicotera del 1877, nè quello di Depretis del 1881 e 1884, nè infine quello di Crispi e Giolitti avevano trovato seguito in Parlamento.

1.2 Il Codice Zanardelli e il Regio Decreto n.260 del 1/2/1891

Lo stesso disinteresse non venne riservato al Progetto Zanardelli del 1887 che, ampiamente discusso, divenne poi realtà giuridica come primo codice post-unitario italiano.

Così come presentato, esso disponeva nel suo art. 47:

"Non è punibile colui che, nel momento in cui ha commesso il fatto, era in tale stato di deficienza o di morbosa alterazione di mente, da togliergli la coscienza dei propri atti o la possibilità di operare altrimenti. Il giudice può tuttavia ordinare che sia ricoverato in manicomio criminale, o comune, per rimanervi finché l'autorità competente lo giudichi necessario".

Lo stesso ministro Zanardelli accompagnava il progetto con una relazione. In essa affermava la ormai ineludibile necessità della istituzione dei manicomi criminali e al contempo l'utilità di ricoverarvi soggetti affetti da condizioni di particolare gravità, bastando altrimenti la cura in un manicomio comune, oppure, in caso di completo rinsavimento, la semplice rimessa in libertà. Egli riservava la responsabilità di disporre il relativo provvedimento di ricovero ai magistrati che, affidando il soggetto alle autorità competenti, assegnavano a queste il potere-dovere di regolare i modi e la durata del ricovero in manicomio.

Nel 1889 il progetto Zanardelli diventava legge. Contrariamente alle aspettative, il manicomio criminale non vi trovava alcuna menzione, seppure fosse stato in un modo o nell'altro ritenuto come unica via ormai percorribile per il ricovero e la cura del malato di mente che si macchiava di gravi reati, aspetto sentito come indifferibile anche dall'opinione pubblica generale. Veniva, invece, previsto il proscioglimento del reo nel caso egli risultasse mentalmente infermo e, se ritenuto pericoloso – quindi non come conseguenza diretta ed automatica di tale infermità come suggerito dai seguaci della Scuola Positiva – la sua assegnazione provvisoria o permanente a una casa di cura o custodia.

Fu il Regolamento Generale degli Stabilimenti Carcerari e dei Riformatori Governativi del 1° febbraio 1891, n.260 a colmare tale lacuna. Faceva quindi la sua prima comparsa, a livello normativo, "il manicomio giudiziario", che con l'art. 469 ne vedeva suggellato il riconoscimento ufficiale[3].

A questo punto si può affermare che la materia aveva ricevuto, sul piano normativo, una regolamentazione più o meno completa. Seppur, a detta dello stesso Ministro Giolitti, "il manicomio non rimaneva che una diversa forma di carcere e, da tale, non poteva essere applicata che ai condannati validi e sani e non ai pazzi o addirittura ai prosciolti per infermità di mente". Tale lucida affermazione spiegava molte cose, sia relative al suo tempo che a quelli a venire.

Nel frattempo erano sorti nuovi manicomi giudiziari sul territorio nazionale: Montelupo Fiorentino nel 1886, Reggio Emilia nel 1892, a cui si erano poi aggiunti, in tempi più recenti, Barcellona Pozzo di Gotto nel 1925, Castiglione delle Stiviere nel 1939 e Pozzuoli nel 1955. Ma, come

---

[3]Per le informazioni storiche: **FIORINO V., Matti, indemoniate e vagabondi. Dinamiche di internamento manicomiale tra Otto e Novecento**, Venezia, 2002, pag. 76 e seg.; **ROSCIONI L., II governo della follia**. Ospedali, medici e pazzi nell'età moderna, Milano, 2003, pag. 193 e seg.

abbiamo avuto modo di osservare, spesso, nel corso della storia, il destino dei "rei folli" si è incrociato con quello dei semplici "folli incensurati". Come del resto quello dei manicomi giudiziari ha spesso scontato le conseguenze delle vicende relative ai manicomi civili. Ciò avvenne, la prima volta, con la Legge e il Regolamento Attuativo sui Manicomi e sugli Alienati. Correva l'anno 1904.

1.3 La legge manicomiale n. 36 del 1904 e il Regolamento di attuazione del 1909

La legge manicomiale, approvata durante la seconda presidenza Giolitti fu il risultato di oltre cinque anni di discussioni e progetti via via abbandonati.

Risentendo da una parte di una visione di fondo di custodia dell'infermo di mente, e dall'altra di una cultura amministrativista d'impronta giuridica, attenta più che altro al dato normativo e disinteressata per lo più al funzionamento concreto delle istituzioni, la normativa si adeguava sostanzialmente alle prassi in vigore nei maggiori manicomi della nazione, integrandoli nelle strutture dello stato.

Tale legge, pur non rappresentando un elemento di rottura nella breve storia dell'assistenza degli alienati dall'unità d'Italia, tuttavia presentava degli elementi di novità. Primo fra tutti fu quello di affidare l'intervento sanitario a strutture pubbliche, rendendone così responsabile lo Stato, e attribuendo rilevanza a una categoria professionalmente giovane come quella degli psichiatri. Purtroppo, nel regolare la materia, permaneva una costante ambiguità di fondo che creava una certa contraddizione tra il concetto di cura e quello di custodia, il prevalere formale dell'uno, mentre la pratica reale confermava sempre il sopravvento dell'altro. Tutto ciò spesso conduceva più che a una sintesi tra diritto di libertà personale e l'utilità di difesa della collettività, al controllo sociale senza riguardo alla comprensione del fenomeno e della sua sostanza.

Questa legge attribuiva un grande potere alla nascente classe psichiatrica, che vedeva crescere, proporzionalmente all'aumentare del numero dei ricoveri, la propria autorità in materia, in particolare nella gestione per conto della società di tutto questo settore.

Per quanto concerne l'esame delle norme per le ammissioni e le dimissioni dell'ospedale e quelle relative alla competenza per il mantenimento dei "mentecatti", bisogna invero sottolineare in tale legge alcuni fattori di spicco. In particolare l'ammissione era ritenuta: "Un fatto grave, che va circondato di tutte le possibili circospezioni [in quanto] tratta di una parte così pietosa e così ripugnante del genere umano, che si trova in condizioni specialissime, per cui la prigionia sarebbe per loro un'ingiustizia e la libertà un pericolo per tutti".

Inoltre si disponeva che: "l'ammissione deve essere chiesta dai parenti, tutori o protutori, e può esserlo da chiunque altro nell'interesse degli infermi e della società. Essa è autorizzata in via provvisoria, dal pretore [...]. L'autorità di pubblica sicurezza può, in ogni caso d'urgenza ordinare il ricovero, in via provvisoria, in base al certificato medico, ma è obbligata a riferirne entro tre giorni al Procuratore del Re."

Quindi erano previste due possibilità per il ricovero dell'infermo: o esso doveva venire richiesto da persone vicine all'ammalato – o comunque interessate in un modo o nell'altro alla causa – ovvero dall'Autorità di Pubblica Sicurezza.

Ma in realtà era contemplato nel Regolamento di Attuazione della stessa, oltre alla via di ammissione provvisoria ordinata dal Pretore o dalla Pubblica Sicurezza e quella definitiva sancita dal Tribunale, una terza via, secondo la seguente condizione: "Individui maggiorenni, avendo coscienza del proprio stato di alienazione parziale di mente chiedano di essere ricoverati".

Queste molteplici possibilità di ammissione all' internamento in realtà conducevano, nel tempo, ad un'altra problematica: l'eccessivo numero di ricoveri, che a sua volta, in una sorta di effetto domino, causava allo Stato delle ovvie difficoltà finanziarie.

In sintesi, nei manicomi civili venivano custodite le persone affette, per qualunque causa, da alienazione mentale, quando fossero state pericolose a sè o agli altri o fossero risultate di pubblico scandalo e inoltre non potessero essere altrimenti tenute a bada.

Permaneva quindi la logica di difesa sociale dall'attuale o potenziale violenza dei folli, ponendo così la sicurezza pubblica al centro della motivazione e dell'attuazione del provvedimento.

In tutto ciò si può individuare la traccia dell'insegnamento Positivista associato a quello del pensiero psichiatrico predominante in quegli anni. La devianza criminale associata alla pazzia, l'esclusione dei folli dalla comunità, l'ideologia del controllo sociale, avvicinavano la nuova criminologia e la "vecchia psichiatria".

Entrambi condividevano l'idea che vi fossero dei legami indiscutibili tra delitto e pazzia[4]. I manicomi giudiziari erano comunque istituiti. La durata dell'internamento in essi era indeterminata, come del resto nelle istituzioni manicomiali comuni. Incrocio tra carcere di massima sicurezza e manicomio, il manicomio giudiziario si avviava a diventare il deposito di "irrecuperabili", decisamente con poche velleità curative o terapeutiche.

---

[4] **ANDREOLI V.**, **Un secolo di follia**, Milano, 1991, pag. 49 e seg. Come l'autore sottolinea, tale regolamentazione non si poneva alcun fine terapeutico o riabilitativo, avendo piuttosto un diverso e duplice scopo: da una parte, mantenere e rafforzare una visione di custodia e segregante della malattia mentale; dall'altra, fornire strumenti di difesa e di controllo sociale verso la malattia mentale, tali da sollevare la società dal peso della presenza di soggetti che, pur non essendosi resi colpevoli di alcunché, suscitano paura e creano disturbo all'ordine costituito.

1.4   La legge n. 354 del 26 luglio 1975: la riforma dell'ordinamento penitenziario

Agli inizi degli anni Settanta iniziarono a farsi sempre più accesi i dibattiti sulla natura disumana dei manicomi giudiziari. Si erano frattanto susseguiti numerosi convegni e riunioni dei principali esperti in materia, i quali avevano messo in luce gli aspetti più critici delle misure di sicurezza psichiatriche, tentando nuove proposte e soluzioni alternative alla questione dei "rei folli". Il manicomio giudiziario cambia definitivamente il suo nome in "ospedale psichiatrico giudiziario", come avevamo già anticipato. Si consente all'internato la possibilità di trascorrere parte del giorno fuori dall'istituto per partecipare ad attività lavorative, istruttive o comunque utili al reinserimento sociale: si introduce il cosiddetto regime di "semi-libertà" anche per gli internati, con meno limitazioni rispetto ai semplici condannati. Anche se in pratica tale cambiamento trovò scarso rilievo pratico, dal momento che non sempre l'internato si trovava in un OPG nelle vicinanze del suo luogo di residenza. Altro aspetto di novità consisteva nel fatto che ogni carcere, oltre a un servizio medico legale, contemplava uno specialista in psichiatria. I giuristi e in particolare i magistrati di sorveglianza vedevano in maniera molto positiva il passaggio dal manicomio giudiziario a quello civile, proprio in funzione della possibilità di svuotare i primi. Di parere contrario risultò invece il mondo della psichiatria. Da un lato, perché riteneva che i controlli dell'autorità giudiziaria avrebbero intralciato la gestione del manicomio civile comune, dall'altro perché giudicava i "folli-rei" in qualche modo più pericolosi dei "folli civili". Inoltre, una buona parte criticava in senso assoluto l'intero sistema manicomiale. Il problema persisteva, anche se la struttura aveva mutato nome, non più manicomio giudiziario bensì "ospedale psichiatrico giudiziario".[5]

[5]**MANACORDA A., Il manicomio giudiziario**: alcune note per la comprensione dei problemi attuali, 1980
MOLINARI F., Le misure di sicurezza psichiatriche vanno abolite: questa l'opinione unanime dei giudici di sorveglianza e degli psichiatri intervenuti al Congresso di Arezzo, in Riv. It. Dir. Proc. Pen., 1980

1.5 La Legge n.180 del 13 maggio 1978 (comunemente detta Legge Basaglia) e la Legge n. 833 del 23 dicembre 1978 (istituzione del SSN)

Fin dagli inizi degli anni Sessanta il movimento culturale cosiddetto "antipsichiatrico" capeggiato da Franco Basaglia iniziò un percorso di rinnovamento che, passando per la costituzione di una prima comunità terapeutica, diede vita ad un movimento che si pose l'obiettivo di scardinare l'istituzione psichiatrica, da lui intesa più come strumento di controllo sociale che come scienza medica - e che sfociò nella legge 180/1978.

Sostanzialmente, partendo dalla contestazione radicale "dell'ideologia del controllo sociale", "l'ideologia antipsichiatrica" si basa sui seguenti principi:

1. abrogazione della legge psichiatrica del 1904 e disconoscimento della pericolosità quale connotato proprio della malattia mentale, equiparabile ad ogni altra malattia che possa colpire l'uomo;

2. abolizione degli ospedali psichiatrici esistenti e di ogni altra possibile istituzione psichiatrica di ricovero;

3. un concetto di cura connotato dai caratteri della volontarietà e della territorialità, intendendo con questo ultimo termine che la terapia deve essere instaurata nell'ambiente di origine del malato, senza ricovero ospedaliero;

4. istituzione, ex leggi regionali, di dipartimenti di salute mentale, ove si svolgano le funzioni preventive, curative e riabilitative relative alla salute mentale;

5. limitazione dei trattamenti sanitari obbligatori per malattia mentale in condizione di degenza ospedaliera;

6. esecuzione dei trattamenti in Servizi Psichiatrici di Diagnosi e Cura all'interno degli ospedali generali,

dotati di un numero limitato di posti letto. [6]

Il 13 maggio del 1978 viene approvata, a larga maggioranza, la Legge 180 denominata "Norme per gli accertamenti ed i trattamenti sanitari volontari e obbligatori".

Premesso che nella norma in questione non vi è alcun riferimento ai manicomi giudiziari – ormai OPG con la riforma dell'ordinamento penitenziario del 1975 – tale normativa ha comportato un radicale mutamento nell'ambito della cura delle malattie e dei disturbi mentali, perché sposta l'attenzione sulla malattia, sulla risposta istituzionale messa in atto, cioè sul servizio, sulle sue risorse, sul modo con cui si identifica la malattia. [7]

---

[6]LAING R., L'io diviso, Torino, 1959
LAING R., L'io e gli altri, Firenze, 1961
COOPER D., Psichiatria e anti-psichiatria, Roma, 1967
In questi testi, risalenti ai primi anni Sessanta, gli autori criticano violentemente la psichiatria tradizionale, la distinzione fra normalità e anormalità, negando ogni significato al termine "malattia mentale", e proponendo un approccio di studio soggettivistico e inter-relazionale. Si resta comunque in qualche modo ancorati ad un aspetto terapeutico e scientifico, e il suffisso *anti*, preposto a psichiatria, indica prevalentemente il suggerimento di strutture alternative anti-istituzionali e autogestite. Sia Laing che Cooper, indipendentemente l'uno dall'altro, avviarono a Londra queste strutture alternative, ottenendo ottimi risultati, ma vennero allo stesso tempo osteggiati violentemente dalle autorità accademiche.

[7]DE BERNARDI A., **Follia, psichiatria e società**. Istituzioni manicomiali, scienza psichiatrica e classi sociali nell'Italia contemporanea, Milano, 1982

In base a tale normativa, l'accertamento e il trattamento delle malattie mentali diventa di fatto volontario. Soltanto in particolarissime situazioni, la persona può venire sottoposta a una procedura obbligatoria e, comunque, anche in tale eccezionale caso, "nel rispetto della persona e dei diritti civili e politici, compreso per quanto possibile il diritto alla libera scelta del medico e del luogo di cura".[8]

Si tratta del cosiddetto procedimento del **trattamento sanitario obbligatorio** – in sigla **TSO** – il quale mette pienamente in luce i punti fondamentali della legge: questa infatti può essere adottata "solo se esistano alterazioni psichiche tali da richiedere urgenti interventi terapeutici, se gli stessi non vengano accettati dall'infermo e se non vi siano le condizioni e le circostanze che consentano di adottare tempestive ed idonee misure sanitarie extra-ospedaliere".[9]

Il carattere di eccezionalità esalta il ruolo centrale della

---

[8]**MANNA A.**, op.cit., pag. 87. L'autore, dopo aver messo in risalto il prevalere, nella concezione della riforma, di esigenze opposte a quelle legate alla tutela dell'ordine pubblico, si concentra sulla diversità di trattamento tra "malato di mente" e "malato di mente offender", differenziazione che prima risultava meno accentuata.

malattia, all'interno della visione della nuova normativa, e il dovere del medico di agire in senso terapeutico. E' evidente il completo rovesciamento rispetto alla concezione del precedente Codice Rocco. Si tratta invero di una "rivoluzione copernicana", che porta in grembo la capacità di demolire dalle fondamenta il paradigma dell'internamento, costruito sulla presunzione di pericolosità del malato mentale. [10]

Si nega così una volta per tutte il pregiudizio anacronistico e invalidante della pericolosità implicita nell'idea stessa di malattia mentale, difatti la parola stessa "pericolosità" scompare completamente dal testo di legge. [11]

Altri importanti e rivoluzionari elementi introdotti dalla Legge Basaglia sono il conferimento di numerosi compiti

---

[9]**Art. 1 della Legge n. 180 del 1978.**

[10] **GRECO O. - CATANESI R.,** *op.cit.*, pag.17 e seg. Secondo gli autori la volontarietà del trattamento costituisce uno dei due cardini fondamentali della legge. Nello spirito di questo principio si ribadisce che, anche in caso di TSO, è compito dei sanitari mettere in atto ogni iniziativa rivolta ad assicurare il consenso e la partecipazione di chi vi è obbligato.

[11]**Art.2 della Legge 180/1978.**

ARATA R. - AZZARA' L.S., in BANDINI T. - LAGAZZI M., *op.cit.*, pag. 272 e seg., La legge 180 ha cambiato la definizione di folle, che non è più "chi è pericoloso a sè o agli altri o è di pubblico scandalo", come nella precedente legge del 1904, ma ora la definizione di disturbo psichico è una definizione solo di carattere medico, non più facente riferimento al concetto di pericolosità. Inoltre, la distinzione sostanziale tra le due leggi sta nel fatto che, mentre il legislatore del 1904 affidava all'internamento la funzione di colmare i bisogni di sussistenza degli infermi, sopprimendo peraltro i diritti dei suoi portatori, e difendere gli interessi della collettività sociale, occultando quelli delle sue fasce marginali, il legislatore della 180 affida ai servizi pubblici il compito di mediare tra tali necessità.

(competenze) alle Regioni, quali la creazione e organizzazione dei servizi territoriali alternativi all'ospedale psichiatrico, come ad esempio gli SPDC (i Servizi Psichiatrici di Diagnosi e Cura istituiti presso gli Ospedali Generali), e gli interventi di prevenzione, cura e riabilitazione, che sono attuati di norma dai servizi e presidi territoriali extra-ospedalieri. [12]

Si pone poi il divieto perentorio di costruire nuovi ospedali psichiatrici ed effettuare nuovi ricoveri dopo il 1 gennaio 1981.

---

[12] **DUCCI G. - ANTONUCCI A. - ZANI R.,** *Operare in equipe in Spdc. Il ruolo specifico dello psicologo*, in *Psichiatria e Psicoterapia analitica* ,Vol. XX n. 1, 2001, pag.67 e seg. Secondo l'art.6 le Regioni individuano gli ospedali generali nei quali devono essere istituiti specifici servizi psichiatrici di diagnosi e cura - in sigla SPDC - servizi in cui si effettuano i Trattamenti sanitari obbligatori, che necessitano di degenza ospedaliera. Tuttavia, prevedendo la stessa legge 180, all'art.8, 5o comma, che *"...negli attuali ospedali psichiatrici possono essere ricoverati, sempre che ne facciano richiesta, esclusivamente coloro che vi sono stati ricoverati anteriormente alla data di entrata in vigore della presente legge e che necessitano di trattamento psichiatrico in condizioni di degenza ospedaliera."*, si veniva a creare un grave vuoto assistenziale per quei soggetti che non erano mai stati ricoverati in ospedale psichiatrico al momento dell'entrata in vigore della legge, e che necessitavano di Trattamento sanitario obbligatorio ospedaliero. Tutto ciò almeno fino a quando le Regioni non avessero provveduto alla istituzione dei servizi psichiatrici di diagnosi e cura.   Alcune Regioni procedettero tempestivamente alla creazione dei servizi psichiatrici ospedalieri. Altre, in deroga alla Legge dello Stato, emisero disposizioni transitorie che permettevano questi ricoveri durante i sessanta giorni necessari all'istituzione del servizio psichiatrico di diagnosi e cura ospedaliero. Quelle che, in ritardo nella istituzione dei servizi ospedalieri, non seguirono tale strada - ad esempio la Regione Lazio - andarono incontro a situazioni di reale emergenza negli ospedali generali, rifiutando l'ospedale psichiatrico ogni ricovero d'urgenza. In generale possiamo affermare che le Regioni assunsero comportamenti difformi nell'applicazione della nuova normativa, comportamenti legati in genere alle diverse posizioni politiche delle maggioranze di Governo regionali, come dimostra la quasi integrale applicazione della legge in Regioni quali la Toscana e l'Emilia Romagna.

Questa netta cesura ricevette da una parte molti consensi, ma dall'altra anche notevoli critiche. Una delle conseguenze più temute della de-istituzionalizzazione veniva rappresentata dal rischio che gli Ospedali Psichiatrici Giudiziari, rimasti intoccati dalla riforma, assumessero, in aggiunta a quelle di custodia e contenimento che già avevano, le funzioni di controllo e di difesa prima attribuita agli Ospedali Psichiatrici.

Consideriamo anche le difficoltà incontrate nell'attuazione della riforma psichiatrica ed i conseguenti vuoti assistenziali che inizialmente, soprattutto nel centro-sud, si sono creati e che nel frattempo potevano aver "trasformato" alcuni malati in condizioni di abbandono, in autori di reato. L'aumento dei suicidi e del ricorso agli OPG registrato a partire dalla seconda metà degli anni Settanta, è stato spesso e, a volte strumentalmente, collegato allo smantellamento del sistema manicomiale, sebbene non sia mai stata dimostrata alcuna chiara correlazione tra questi due eventi.

Il fatto che la "180" non abbia in alcun modo considerato il problema degli Ospedali Psichiatrici Giudiziari ha prodotto in tale ambito nuove e preoccupanti situazioni.

In primo luogo, con la chiusura degli ospedali psichiatrici, si è evidenziata maggiormente la contraddizione di una struttura come quella dell'ospedale psichiatrico giudiziario, da sempre chiamata a coniugare restrizione e cura, terapia e controllo, ed ormai impossibilitata a divenire una realtà terapeutica, sempre più attratta nella galassia carceraria. Inoltre, fino a pochi anni addietro, la maggior parte delle revoche delle misure di sicurezza avveniva con il contestuale ricovero in ospedale psichiatrico. Attraverso una serie di convenzioni con i manicomi civili, si era realizzato un passaggio di competenza nella gestione degli ammalati. Con la chiusura degli ospedali psichiatrici questa "dimissione anticipata" dall'ospedale psichiatrico giudiziario non è stata più possibile, con le ovvie, deleterie, conseguenze.

La Legge Basaglia viene poi interamente inserita nel più ampio contesto della Legge n. 833 del 1978 istitutiva del Servizio Sanitario Nazionale. Con questo meccanismo si sanciva, anche formalmente, che non vi era più la necessità che l'assistenza psichiatrica fosse oggetto di una legge speciale, la malattia mentale doveva essere considerata, definitivamente, alla stregua delle altre malattie.

Con la Legge 833 vengono attribuite funzioni determinanti ai DSM – i Dipartimenti di Salute Mentale – strumento di coordinamento e di integrazione di tutti i presidi per la salute mentale di ogni singola ASL.

Dobbiamo però ricordare che si è dovuto aspettare il 1994 affinché il Parlamento si decidesse a dotare la Legge 180, che era una legge quadro, di un piano sanitario che definisse strutture, personale e finanziamenti, attraverso l'approvazione del Progetto Obiettivo per la Tutela della Salute Mentale, poi reiterato nel 1998-2000; inoltre, si è dovuto fissare di nuovo un termine ultimo per la chiusura definitiva di tutti gli ospedali psichiatrici, individuato nella data del 31 dicembre 1996, come indicato all'interno della Legge 724, che accompagnava la legge finanziaria del 1995.

1.6 La Legge n. 663 del 10/10/1986 comunemente detta Legge Gozzini

La legge Gozzini interviene in maniera decisa a disciplinare nuovamente la materia. Abolisce la pericolosità sociale presunta, prevista dall'art. 204 c. p., e dispone che le misure di sicurezza personali possano essere ordinate solo previo accertamento della pericolosità sociale, attribuisce al Magistrato di Sorveglianza l'esclusiva competenza funzionale in ordine all'applicazione in concreto delle misure di sicurezza.

Si risolve definitivamente il problema del binomio pericolosità sociale = infermità mentale, *"consentendo così di considerare quest' ultima non più come una causa 'speciale' di pericolosità, ma come un qualsiasi fattore che, interagendo con gli altri, può esercitare un'efficacia criminogena"* [13].

---

[13] Art. 21 della c.d. Legge Gozzini

CAPITOLO SECONDO

OPG: UNA MISURA DI SICUREZZA

2.1 Le diverse tipologie di misure di sicurezza. Il trattamento riservato ai minorenni e ai semi-imputabili

Come abbiamo cercato di illustrare nel capitolo precedente, l'introduzione delle misure di sicurezza costituì una delle più significative innovazioni del codice penale del 1930, tutt'ora in vigore. A un sistema prevalentemente retributivo-repressivo, nel Codice Rocco, veniva affiancata una struttura di carattere preventivo, volta principalmente al controllo e alla sorveglianza dei soggetti a rischio di ricaduta.

Questo sistema sanzionatorio, altrimenti definito anche come "doppio binario", ha da subito presentato un rilevante punto critico: il pericolo che, in alcuni casi, vi fosse a carico del condannato una sovrapposizione di pena e misura di sicurezza, entrambe sanzioni penali di natura detentiva. Le misure di sicurezza possono, infatti, essere applicate anche a persone imputabili e parzialmente imputabili, oltre che a soggetti non imputabili. Alle prime due categorie di persone tali misure si applicano cumulativamente alla pena principale, mentre ai soggetti non imputabili vengono applicate senza, o meglio, in vece della pena.

Da un punto di vista pratico, però, questa situazione ha comportato varie disfunzioni e anomalie. Prima fra tutte, la questione della strutturazione della sequenza temporale nella fase di esecuzione della pena e della misura di sicurezza.

Dal momento che si privilegiava la prima rispetto alla seconda, per gli internati era decisamente difficile sentire, e comprendere, le differenze di scopo tra le due sanzioni cui venivano sottoposti. L'intero sistema veniva percepito come ingiusto e sostanzialmente repressivo, soprattutto dal momento che spesso non si avvertivano differenze nemmeno attraverso il trattamento, che spesso risultava identico.

Tale linea si rivelava decisamente deleteria e inadatta per soggetti semi-imputabili e minori imputabili, avendo questi soggetti il bisogno immediato di un trattamento adeguato alle loro condizioni psichiche.

Un altro fattore di palese problematicità nella disciplina delle misure di sicurezza riguardava il criterio di determinazione della loro durata. Il criterio normalmente applicato è quello proporzionale, basato sulla pena edittale massima, prevista in astratto dalla legge, per quel particolare fatto-reato. Più il reato era grave e più doveva durare la misura di sicurezza.

L'omissione della valutazione in concreto della pericolosità, nella determinazione della durata della misura, e l'impiego del criterio della gravità del reato (quale indice sintomatico di pericolosità) si palesavano, sia nella determinazione della durata minima del ricovero in casa di cura e custodia per soggetti diversi dagli abituali pericolosi e per tendenza, sia nella durata minima del ricovero in OPG e, anni addietro in quella nei Riformatori Giudiziari.

Tale procedimento risultava fortemente fuorviante, e privo di una base sia scientifica che empirica. Dal punto di vista dell'esperienza clinica è sempre parso evidente - e questa constatazione è già ravvisabile nella psichiatria ottocentesca - come non vi sia alcun nesso automatico tra un determinato fatto commesso da una persona, e la previsione di un periodo di tempo, più o meno lungo, durante il quale è possibile che questa commetta altri fatti penalmente sanzionabili. Tanto meno vi è un tale nesso tra la gravità di tale reato e la possibilità di recidiva.

Sintomatico della stessa prospettiva teorica e clinica era pure il potere di revoca della misura di sicurezza previsto all'art.207 C.P., attribuito al Ministro di Grazia e Giustizia invece che al Giudice di Sorveglianza, assumendo così le sembianze di un istituto parallelo alla *"Grazia"*.

Un'ultima anomalia è stata infine riconosciuta, subito dopo la promulgazione del codice, in particolare dopo l'entrata in vigore della Costituzione e l'affermazione dei principi fondamentali da essa garantiti, alla doppia presunzione di pericolosità presente nell'articolo 222 C.P.: quello della pericolosità dell'infermo di mente autore di fatto, reato grave, e la persistenza di tale stato di pericolosità per un tempo corrispondente alla durata minima del ricovero imposta dalla Legge.

Misura di sicurezza del ricovero in OPG in caso di proscioglimento per vizio di mente	
Pena edittale prevista: *reclusione*	Durata minima teorica della *misura di sicurezza del ricovero in OPG*
inferiore a 2 anni	-
tra i 2 e i 10 anni	2 anni
superiore a 10 anni	5 anni
Ergastolo	10 anni

Nella sua *"Relazione Ministeriale al progetto definitivo di Codice Penale"* Enzo Musco, noto Giurista italiano e docente di Diritto Penale presso l'Università di Catania, afferma: "per quanto concerne le persone che abbiano commesso il fatto in stato di alienazione mentale, si impone la necessità di prescindere, nei casi più gravi, da accertamenti specifici riguardanti lo stato di pericolosità. Bastano la gravità dell'azione e la inerzia morbosa delle facoltà inibitrici, per ritenere senz'altro la grande pericolosità dell'agente. E' ammessa inoltre una presunzione di persistenza nella pericolosità per un tempo corrispondente alla durata del ricovero." [14]

E' stato ampiamente dimostrato che tale impostazione era totalmente errata, oltre che arbitraria, dal momento che *in primis* la semplice infermità non significa affatto pericolosità sociale e, per quanto concerne la seconda presunzione, nel lasso di tempo intercorrente tra la commissione del fatto ed il momento del giudizio è ben possibile la guarigione dell'infermità psichica, ritenuta causa della pericolosità. Va detto che l'OPG non rappresenta certamente l'unica forma di misura di sicurezza prevista dal codice. Essa è da annoverarsi nella categoria delle misure di sicurezza detentive, della quale fanno parte anche la colonia agricola o casa di lavoro, la casa di cura e custodia, le comunità pubbliche o autorizzate per minori. La prima fra queste, ossia l'assegnazione a una colonia agricola o a una casa di lavoro, in realtà sembra non avere avuto, nella pratica, connotazioni particolarmente diverse dalle normali carceri.

La seconda, ovvero l'assegnazione a una casa di cura e custodia, è prevista per coloro che comunemente vengono

---

[14] **MANACORDA A.,** *Il manicomio giudiziario*, pag.31

inseriti nella tanto criticata categoria dei semi-imputabili, perché nel momento della commissione del fatto soggetti a un vizio parziale di mente e reputati al contempo socialmente pericolosi, condannati a una pena diminuita e altresì sottoposti alla presente misura di sicurezza. La casa di cura e di custodia – ipotizzata come una sorta di ibrido tra carcere e istituto di terapia, in una commistione di finalità – sembra non aver avuto in realtà una realizzazione autonoma. Allo stato dei fatti si è concretizzata in una sorta di sezione annessa all'ospedale psichiatrico giudiziario, senza una propria identità a sè stante, e in realtà dobbiamo constatare che non è mai esistita come entità autonoma. Abbiamo accennato alla risposta prevista dall'ordinamento penale italiano, in relazione a un'altra categoria di soggetti non imputabili destinatari di misura di sicurezza: i minori pericolosi. Il nuovo processo penale minorile ha operato le modifiche che l'ospedale psichiatrico giudiziario ha atteso per molti anni. La disciplina in tale ambito ha rispettato e seguito le direttive della riforma del manicomio civile, adeguandosi alle linee da seguire nella cura della sofferenza mentale. L'elemento centrale, che ci consente di affermare che con il nuovo processo penale minorile si era fatto un passo avanti, decisivo, nel far prevalere le esigenze educative su quelle di custodia e della tutela della collettività, è individuato nella previsione che la misura di sicurezza del riformatorio, pur sopravvivendo nella forma, debba essere eseguita in una comunità pubblica o autorizzata. Il legislatore ha preso atto della difficoltà di conciliare istanze educative con modelli di segregazione sostanzialmente identici a quelli carcerari, ed ha fatto opportunamente prevalere la prima, in una prospettiva che mette al centro dell'intervento nei confronti del minore socialmente pericoloso il suo recupero sociale: la tutela della collettività passa oggi, pertanto, attraverso il processo educativo del minore, e non più ricorrendo alla sua esclusione dal tessuto sociale.

A conferma di tale orientamento, la sentenza n. 324 del 24 luglio 98 della Corte Costituzionale ha stabilito l'illegittimità dell'art.222 c.p., nella parte in cui prevedeva l'applicazione della misura di sicurezza del ricovero in O.P.G., e dell'art.206 C.P., nella misura in cui si ammetteva la possibilità di disporre l'internamento in via provvisoria, sempre in tale tipo di struttura, nei confronti dei minori non imputabili per vizio totale di mente e socialmente pericolosi.

2.2 Ospedale psichiatrico giudiziario: presupposti e funzione

L'art. 85 Codice Penale stabilisce che "Nessuno può essere punito per un fatto preveduto dalla legge come reato, se, al momento in cui lo ha commesso, non era imputabile. È imputabile chi ha la capacità di intendere e di volere".

Nell'ordinamento penale italiano vige una presunzione assoluta di non imputabilità nei confronti del minore di quattordici anni[15], e per quanto concerne gli infra-diciottenni, ovvero coloro che hanno un'età compresa tra i quattordici e i diciotto anni, il giudice è tenuto ad accertare, caso per caso, l'effettiva capacità di intendere e volere. Specularmente, per tutti coloro che, invece, al momento della commissione del fatto-reato, hanno già raggiunto la maggiore età, si presume il sussistere dell'imputabilità. Ricordiamo, per inciso, che la Legge espressamente dispone, *ex* art. 90 C.P., che gli stati emotivi e passionali non escludono nè diminuiscono l'imputabilità.

---

[15] **Art. 97 Codice Penale**

IMPUTABILITA'	
Età < 14 anni	Sempre esclusa per legge
14 anni < Età < 18 anni	Da valutare nel caso concreto
18 anni < Età	Presunzione relativa di sussistenza. Possibilità di dimostrarne l'esclusione nei casi previsti *ex lege*.

Essa può essere esclusa solo nelle tassative ipotesi previste dalla legge penale, ovvero quando l'assenza di imputabilità è determinata da:

a) Infermità, tale da determinare uno stato di mente da escludere la capacità di intendere o di volere, *ex* art.88 C.P.

b) Piena ubriachezza, derivata da caso fortuito o da forza maggiore, *ex* art. 91 C.P.

c) Azione di sostanze stupefacenti, derivante da caso fortuito o da forza maggiore, *ex* art. 93 C.P.

d) Cronica intossicazione da alcool o da sostanze stupefacenti, *ex* art. 95 C.P.

e) Sordomutismo, *ex* art. 96 C.P

Ad ogni modo, nel caso in cui la persona autrice di un fatto-reato, risulti essere stata non imputabile al tempo – secondo il parere motivato del giudice, avvalsosi o meno dell'ausilio di una perizia psichiatrica – e venga ritenuta al contempo socialmente pericolosa, sarà generalmente sottoposta alla misura di sicurezza dell'OPG.

La misura consiste, come più volte ripetuto, nel ricovero in uno stabilimento in cui gli internati vengono sottoposti a trattamento curativo per tentare di migliorarne le condizioni psicofisiche e consentirne, senza pericolo, il ritorno alla vita sociale. La pretesa di perseguire la cura del malato attraverso la custodia in O.P.G. ha destato perplessità sia teoriche, anche alla luce del profondo mutamento delle concezioni psichiatriche e della nuova percezione della malattia mentale e del suo trattamento manifestatisi nella riforma del 1978, sia pratiche, considerata la drammatica realtà segregante degli O.P.G.

Alle perplessità avanzate in ordine sia all'effettiva utilità terapeutica del ricovero in O.P.G., sia alle difficoltà di adattare all'infermo il giudizio di pericolosità, data la scarsa attendibilità di un giudizio prognostico, si collega un interessante orientamento seguito nell'ultimo decennio dalla giurisprudenza di merito ed inteso ad elaborare nuove modalità di intervento terapeutico-cautelari nei confronti degli infermi pro-sciogibili, che fossero o meno accompagnati da un *fumus* di pericolosità. Esso si è concretizzato, oltre che nelle sentenze della Corte Costituzionale, nella concessione all'imputato, affetto da infermità mentale, della libertà vigilata, condizionata all'obbligo di avvalersi dei servizi psichiatrici territoriali, nonché degli arresti domiciliari, presso i Centri di Salute Mentale, nella prospettiva di stimolare il consenso del sofferente psichico ad eventuali trattamenti volontari e, contestualmente, di acquisire elementi più attendibili per formulare una valutazione dell'eventuale pericolosità. Il giudizio nei confronti dell'istituzione dell'OPG è stato a tal punto negativo da convincere il legislatore a tentarne il superamento attraverso, dapprima, l'allegato C al Decreto Presidenza Consiglio dei Ministri del 19 Marzo 2008 e da ultimo, l'art. 3-ter della legge 9 del 17 febbraio 2012, che prevedeva la chiusura degli stessi entro 1 febbraio 2013.

2.3 Approfondimenti su questioni inerenti il concetto di imputabilità

Come abbiamo già avuto modo di constatare, il legislatore ha ancorato la nozione di imputabilità a due fattori: rispettivamente la capacità di intendere e quella di volere. Perché sussista l'imputabilità è quindi necessario che i suddetti due requisiti ricorrano entrambi e nel momento in cui l'agente ha tenuto il comportamento delittuoso.[16]

La capacità di intendere è solitamente intesa come l'attitudine del soggetto a riconoscere la realtà esterna, e la capacità di valutare e comprendere il valore sociale - positivo o negativo - degli accadimenti in generale e degli atti che compie, secondo una percezione non distorta della realtà; tale capacità è quindi intesa come la capacità di discernere rettamente il significato ed il valore del proprio comportamento, nonché le conseguenze morali e giuridiche dello stesso.

---

[16] CENTONZE A., *L'imputabilità, la funzione sociale della pena e l'accertamento multifattoriale delle infermità psichiche*, in *Psichiatria, Psicologia e Diritto*, n.3, settembre 2010, pag. 1-10

Ancora, può definirsi come la capacità di apprezzamento e di previsione della portata delle proprie azioni od omissioni, sia sul piano giuridico, sia su quello morale.

Tale capacità non va confusa con l'adesione morale al fatto commesso: chi è privo di tale sentimento o dissente dai valori tutelati non è, per ciò solo, ritenuto incapace. [17]

A questo proposito Francesco Introna, Medico Legale Docente all'Università di Bari, scrive: *"[...] la capacità di intendere e quella di volere vanno intese come capacità di usare i propri strumenti intellettivi e volitivi in modo adeguato al fine. Ne deriva che la capacità di intendere è qualcosa di più e di diverso dalla intelligenza misurata in termini psicometrici in sede di diagnosi clinica. Si deve dunque porre mente alla intelligenza delle situazioni di condotta, nella quale confluiscono fattori emotivi, affettivi, istintivi, e di esperienza. Inoltre, i postulati della condotta intelligente sono tanti che la capacità di intendere non si può desumere solo dal quoziente di intelligenza, pur essendo questo un punto di partenza.*

---

[17] *I diritti del malato di mente, ovvero il malato di mente nel diritto,* in: MASTRONARDI V.

Si devono infatti considerare: 1) la situazione emotivo - affettiva; 2) i rapporti esistenti fra il soggetto e la realtà in cui è inserito; 3) la realtà nei cui confronti il soggetto ha operato, opera, intende operare o presume che opererà; 4) le capacità ed energie operative di cui egli dispone al momento o ritiene di poter disporre in futuro, relativamente al piano ideativo della condotta che si prefigge; 5) le modificazioni che il suo operato ha indotto (o che egli crede che può o potrà indurre nella realtà o in lui stesso; 6) i fini che il soggetto si propone di perseguire; 7) le correlazioni fra tutti i numeri precedenti".

La capacità di volere rappresenta invece l'attitudine del soggetto a determinarsi in modo autonomo, intesa come potere di controllo dei propri stimoli e impulsi ad agire. Dal punto di vista giuridico-penale la nozione di imputabilità si ricava, *a contrario*, dalla descrizione delle cause, a carattere tassativo, che la escludono o la diminuiscono. Tra queste appunto il vizio di mente *ex* artt.88 e 89 c.p., come accennato nel precedente paragrafo. Secondo l'art. 88, inerente al vizio totale di mente, è necessario che lo stato di alterazione mentale, tale da escludere la capacità di intendere o di volere, sia derivante da infermità. Tale stato può essere determinato tanto da un vizio permanente, quanto da uno transitorio.

Dobbiamo rilevare che, ancora adesso, la stessa scienza psichiatrica fatica ad offrire una concezione univoca del vizio di mente, e gran parte della ragione di tale situazione è insita nella profonda e continua evoluzione che caratterizza gli studi scientifici.

Nel periodo di emanazione del codice, l'unico modello di infermità mentale riconosciuto dalla scienza era, infatti, rappresentato da quello fondato sul criterio clinico - nosografico. La malattia mentale era considerata tale ed in grado di escludere o diminuire la capacità di intendere o di volere, solo quando la stessa era inquadrabile e riconoscibile quale lesione del sistema nervoso centrale.

L'8 marzo 2005 la Corte di Cassazione a Sezioni Unite è stata chiamata ad affrontare la questione controversa del tema dell'imputabilità. Essa si è pronunciata al riguardo dichiarando i disturbi di personalità idonei ad incidere sull'imputabilità, ma specificando che gli stessi debbano essere, a tal fine, dotati di consistenza, rilevanza, intensità e gravità. A questo proposito riportiamo anche la massima

della Cassazione, I, 3 maggio 2005 n. 16574, in *Cass. Pen.*,
2006, pag.125 e segg:

"[...] anche ai disturbi della personalità può essere attribuita un'attitudine, scientificamente condivisa, a proporsi come causa idonea ad escludere o grandemente scemare la capacità di intendere e di volere del soggetto agente; principio che si pone in perfetta consonanza col disposto dell'articolo 85 Codice Penale e coll'orientamento costituzionale. I disturbi della personalità devono però essere di consistenza, rilevanza e gravità tali da concretamente incidere sulla capacità di intendere e volere; essi, infatti, come in genere quelli da nevrosi e psicopatie, quand'anche non inquadrabili nelle figure tipiche della nosografia clinica iscrivibili al più ristretto novero delle malattie mentali possono costituire infermità anche transeunte, ai fini degli articoli 85 e 89 del Codice Penale, ove determinino lo stesso risultato di pregiudicare totalmente o grandemente la capacità di intendere e volere".

2.4 Le diverse categorie di soggetti ricoverati in OPG

L'Ospedale Psichiatrico Giudiziario va ad inserirsi, come abbiamo visto, nell'insieme delle misure di sicurezza personali detentive. Disciplinato principalmente dall'art.222 C.P., è previsto per gli imputati prosciolti per infermità psichica, ovvero per intossicazione cronica da alcool o da sostanze stupefacenti, o infine per sordomutismo. Trattasi quindi di soggetti che hanno commesso il fatto in uno stato di incapacità di intendere o di volere, grandemente o totalmente scemate, stato che deve essere accertato dalla perizia psichiatrica, come la possibile pericolosità sociale del soggetto.

Ma tali soggetti non sono gli unici ad essere sottoposti a internamento negli ospedali psichiatrici giudiziari. Vi si devono inserire, innanzitutto, **le persone già condannate per un reato a pena detentiva, nelle quali sia sorta una malattia mentale durante la permanenza in carcere.** Se si ritiene infatti che la malattia mentale sia tale da impedire l'ulteriore esecuzione della pena in struttura detentiva, il condannato viene inviato in un OPG o altra struttura idonea; nel caso in cui si tratti di un reato non particolarmente grave ed efferato, la norma prevederebbe infatti la possibilità di ricovero in un manicomio comune – *ex* art.148 c.p., e che il condannato *in tale luogo* sconterà la pena a cui è stato in prima istanza condannato.

La misura del trasferimento è innescata dal sospetto dell'insorgenza di una malattia mentale del condannato, durante la fase esecutiva. Il Giudice di Sorveglianza ordina, quindi, dopo aver espletato le indagini e gli accertamenti che ritiene opportuni, che l'esecuzione della pena detentiva venga proseguito in OPG.

A questo punto, nei confronti del reo, mentre un tempo rimaneva sospeso il periodo da trascorrere ancora in carcere ora, dopo l'intervento della Corte Costituzionale con la sentenza 19 giugno 1975 n.146, il periodo consumato in tale struttura manicomiale viene computato ai fini dell'esecuzione della pena.

Una terza categoria di soggetti internati in OPG comprende coloro che sono sottoposti a misura di sicurezza provvisoria: sono persone detenute, in attesa di processo, reputate socialmente pericolose, per le quali il giudice ritiene probabile un futuro proscioglimento per vizio totale oppure una condanna attenuata per vizio parziale di mente al momento della commissione del fatto, e nei cui confronti decide per conseguenza di applicare in via provvisoria la misura di sicurezza dell'OPG.

Il giudice potrebbe decidere, in prima istanza, di inviare il detenuto in tale tipo di struttura semplicemente in osservazione, cioè per accertamenti *ex* art.112 DPR 230/00, e al termine di questa, essendo stata emessa una apposita relazione medica convalidante o meno l'esistenza di un disturbo psichiatrico nel detenuto, inviare il soggetto in carcere o in OPG. Ovviamente, ciò vale anche per **quanti siano già stati condannati**, che **vengano prima inviati in osservazione.**

Tali soggetti costituiscono la **quarta tipologia** di individui ospitati negli OPG, gli istituti che stiamo esaminando. [18]

---

[18] INVERNIZZI I., *Il carcere come scuola di rivoluzione*, Torino, 1973, pag.100 e seg. Nel testo vengono riportate delle testimonianze di detenuti, inviati in osservazione nei manicomi giudiziari del tempo, che dimostrano come spesso tale misura costituisse un deterrente nei confronti dei detenuti ribelli.

La quinta categoria comprende invece i detenuti in fase di accertamento che, come già accennato, **sono imputati di un reato, per i quali il giudice abbia disposto perizia psichiatrica**. Normalmente in questo caso vengono associati anche coloro il cui procedimento viene sospeso, in quanto non possono utilmente comparire in giudizio, non essendo in pieno possesso delle proprie facoltà mentali. Provengono dal carcere, ovviamente in misura cautelare preventiva e possono tornarvi, a seconda che la perizia si concluda con una relazione medica, negativa o convalidante l'esistenza del disturbo.

La sesta categoria comprende **i seminfermi riconosciuti come tali in sentenza**: trattasi di soggetti già condannati a

una pena diminuita, poiché affetti da turbe psichiche di entità minore. Vengono assegnati ad un OPG nel caso in cui risultino, oltre che seminfermi al momento della commissione del fatto-reato, socialmente pericolosi, e debbano quindi essere sottoposti a misura di sicurezza, anche se essa è in realtà sostituita, o meglio "identificata" con la casa di cura e di custodia, oltre alla pena regolarmente scontata in ambito carcerario (la misura dell'assegnazione ad un OPG scatta nel momento in cui vengono dichiarati **"socialmente pericolosi"**).

Vi sarebbe anche una **settima categoria** da considerare, quella delle persone sottoposte a misura di sicurezza non detentiva, nelle quali sorge un'infermità psichica. A quel punto il giudice ne ordina il ricovero in un OPG. Una volta cessata l'infermità, si procede a nuovo accertamento e si applica una misura di sicurezza personale non detentiva qualora la persona risulti ancora pericolosa.

Da questa analisi si può notare quanto sia complessa una corretta indagine sulle posizioni giuridiche dei reclusi in OPG, nati come istituzioni segreganti dei condannati incapaci di intendere e volere, divenuti nel tempo ricettacolo di situazioni giuridiche e cliniche differenti e molteplici.

2.5 Problematiche relative ai soggetti dediti all'abuso di alcool e sostanze stupefacenti

Le altre due ipotesi nei quali l'imputabilità viene esclusa o considerata fortemente scemata, si riferiscono alla a) ipotesi di assunzione di sostanza stupefacente o alcolica accidentale, *ex* art. 93 del Codice Penale che richiama l'art. 91 dello stesso – e all'intossicazione cronica, *ex* art. 95 C.P., mentre, b) l'assunzione non accidentale, quella preordinata ed infine quella abituale, rispettivamente artt. 93 e 94 C.P., comportano non solo una presunzione di imputabilità, bensì un aggravamento della pena.

Le tossicodipendenze, l'imputabilità e le diverse sanzioni			
Condizione del soggetto		Giudizio	Sanzione
Ubriachezza fortuita da forza maggiore	azione di stupefacenti fortuita o da forza maggiore	non imputabile	
Ubriachezza volontaria	azione di stupefacenti assunti volontariamente	imputabile	
Ubriachezza preordinata per commettere il reato	assunzione di stupefacenti preordinata per commettere il reato	imputabile	pena aumentata
Ubriachezza abituale	uso abituale di stupefacenti	imputabile	pena aumentata
Cronica intossicazione da alcool	cronica intossicazione da stupefacenti	non imputabile	OPG

Nel momento in cui si riscontra un'effettiva intossicazione cronica da alcool o da stupefacenti, si procede col verificare se tale stato abbia prodotto una situazione per cui si possa escludere, o valutare come grandemente scemata, la capacità di intendere e volere. Una volta effettuato tale esame, si accerta l'eventuale pericolosità sociale dell'individuo che, se sarà ritenuto potenzialmente nocivo, darà il via alla sottoposizione alla misura di sicurezza dell'internamento in OPG o in casa di cura e di custodia ovvero presso le strutture territoriali che avrebbero dovuto aprire entro i primi mesi del 2013 e sostituire l'OPG e le CCC.

Ad ogni modo, indipendentemente dalla struttura di accoglienza, gli intossicati cronici vengono, in pratica, equiparati agli infermi di mente, indipendentemente dal fatto che essi siano dei tossicodipendenti o degli alcolizzati.

In molti sostengono, a tutt'oggi, che i due stati non siano affatto equivalenti, dal momento che l'alcool produrrebbe effetti organici e psichici sull'individuo talmente accentuati e acuti, da causare una permanente perdita delle capacità intellettive del tutto simile a quella di un malato mentale, mentre tali conseguenze non sarebbero rintracciabili nei tossicodipendenti, che soffrono di fenomeni in parte diversi, dovuti più alla dipendenza fisica e psichica, e come tali incidenti soprattutto sulla capacità di volere dei soggetti.

Un'ulteriore questione che si pone è quella relativa alla distinzione tra intossicazione abituale o cronica. Si è ormai consolidata nel tempo la tendenza a riconoscere autonomia alla cronica intossicazione da alcool o da sostanze stupefacenti, la quale non viene più identificata con l'infermità di mente, bensì parificata ad essa sotto il segno dell'assenza o della diminuzione dell'imputabilità, quindi della colpevolezza.

L' applicazione della misura di sicurezza dell'OPG per tale tipologia di individui è sempre stata impropria, dal momento che essa è stata pensata più che altro in relazione ad altri tipi di soggetti, ovverosia gli infermi di mente, e tale commistione non è mai risultata proficua nè per gli uni nè per gli altri.

Ancora una volta tale struttura si è quindi rivelata una sorta di contenitore universale per soggetti problematici, soprattutto da un punto di vista di controllo della pericolosità sociale, non tenendo conto che, più di ogni altra categoria, i tossicodipendenti necessitano di riabilitazione e terapia, diversificata e mirata. Vedremo se col superamento degli OPG ai sensi dell'art. 3-ter della Legge 9/2012 questa categoria di internati troverà una collocazione più adeguata.

CAPITOLO TERZO

RITRATTO DEGLI OPG IN ITALIA: DATI E STATISTICHE

Innanzitutto, una premessa: al fine di fornire una fotografia, seppure a grandi linee, della situazione in Italia al momento dell'intervento legislativo di chiusura e superamento degli OPG con la Legge 9 del 17 febbraio 2012, analizzeremo i dati relativi alla popolazione ricoverata in OPG negli ultimi anni, soffermandoci in particolare sul numero di soggetti ivi ricoverati, l'età e il sesso degli stessi, il grado di scolarità, l'area geografica di provenienza, lo stato coniugale e l'eventuale numero di figli, la durata della permanenza, la tipologia di reato commessa e la malattia psichica sofferta. Inoltre cercheremo di ricostruire alcune informazioni anche sul personale operante negli OPG. Concluderemo con un breve quadro descrittivo di ciascuno dei sei OPG presenti sul territorio nazionale.

I dati qui riportati sono basati, *inter alia*, sull'elaborazione di quelli diffusi al 31 gennaio 2012 dal Dipartimento dell'Amministrazione Penitenziaria, Ufficio per lo sviluppo e la gestione del Sistema Informativo Automatizzato, Sezione Statistica, oltre alle informazioni pubblicate nello studio "Anatomia degli Ospedali Psichiatrici Giudiziari Italiani" a cura di Vittorino Andreoli [19] e nella ricerca pubblicata dall'Istituto Superiore di Studi Penitenziari intitolata "Verso un OPG diverso o migliore?" [20]

---

[19] ANDREOLI V., *Anatomia degli Ospedali psichiatrici giudiziari italiani*, Dipartimento Amministrazione Penitenziari-Ufficio studi e ricerche, Roma, 2002

[20] Progetto RENA V - Rinnovare esperienze rivalutando attività negate, *Verso un O.P.G. diverso e migliore?* Quaderni ISSP n.2/2005

3.1 La popolazione internata: età, sesso, provenienza geografica, grado di educazione scolastica

Al 31 gennaio 2012, negli OPG di Aversa, Barcellona Pozzo di Gotto, Castiglione delle Stiviere, Montelupo Fiorentino, Napoli Sant'Eframo e Reggio Emilia risultavano internate in totale 1.264 persone, di cui 86 donne e 1.178 uomini.

Nelle tabelle a seguire possiamo osservare l'andamento demografico della popolazione internata in OGP negli ultimi sessant'anni.

anno	Maschi	Femmine	totale
1950	1665	260	1925
1951	1901	211	2112
1952	2011	206	2217
1953	1964	198	2162
1954	1917	213	2130
1955	1919	212	2131
1956	1921	211	2132
1957	1894	228	2122
1958	1914	276	2190
1959	1961	232	2193

anno	Maschi	Femmine	totale
1960	1924	203	2127
1961	1960	222	2182
1962	1885	225	2110
1963	1788	211	1999
1964	1798	183	1981
1965	1781	177	1958
1966	1648	165	1813
1967	1586	188	1774
1968	1526	200	1726
1969	1448	188	1636

anno	Maschi	Femmine	totale
1970	1367	175	1542
1971	1379	159	1538
1972	1341	155	1496
1973	1303	150	1453
1974	1230	124	1354
1975	1158	98	1256
1976	960	75	1035
1977	1037	79	1116
1978	1068	81	1149
1979	1180	100	1280

anno	Maschi	Femmine	totale
1980	1332	92	1424
1981	1415	97	1512
1982	1499	101	1600
1983	1418	95	1513
1984	1421	93	1514
1985	1270	91	1361
1986	1155	83	1238
1987	1214	79	1293
1988	1227	80	1307
1989	1215	72	1287

anno	Maschi	Femmine	totale
1990	1090	64	1154
1991	966	56	1022
1992	988	73	1061
1993	958	75	1033
1994	953	58	1011
1995	989	55	1044
1996	979	60	1039
1997	927	59	986
1998	924	53	977
1999	993	76	1069

anno	Maschi	Femmine	totale
2000	1077	79	1156
2001	1195	87	1282
2002	1109	85	1194
2003	1045	82	1127
2004	1037	81	1118
2005	1120	86	1206
2006	1191	83	1274
2007	1250	98	1348
2008	1335	99	1434
2009	1446	95	1541
2010	1497	103	1600
2011	1260	77	1337
2012	1178	86	1264

La popolazione internata negli OPG ha subìto una forte decrescita tra gli anni 50 e 80, a testimonianza del fatto che l'istituto mal si conciliava con esigenze terapeutiche che al tempo venivano generalmente prevenute con il ricovero negli ospedali psichiatrici civili. A seguito dell'entrata in vigore della Legge Basaglia i ricoveri hanno assunto nuovamente un andamento crescente, mettendo in evidenza come gli OPG siano diventati i contenitori secondari di molti dei pazienti dimessi dagli Ospedali Psichiatrici Civili.

Solo negli ultimi due anni il numero dei pazienti degli OPG è nuovamente tornato a diminuire, probabilmente grazie all'implementazione dell'Allegato C al Decreto della Presidenza del Consiglio dei Ministri del 2008 che ha promosso un programma di reinserimento dei ricoverati nella società civile attraverso la presa in carico dei Distretti di Salute Mentale locali.

Interessante è peraltro notare come l'incidenza sul numero totale della popolazione internata sia decisamente poco legata a quella dei pazienti di sesso femminile sottoposte alla misura di sicurezza dell'OPG, che, oltre ad essere scarsamente rilevante per il numero, si è mantenuta costante nel tempo. Le pazienti donne sono ricoverate nell'OPG di Castiglione delle Stiviere e nella Casa di Cura e Custodia di Sollicciano (FI).

Nella tabella a seguire osserviamo la distribuzione geografica

Regione di origine	OPG Castiglione dello Stiviere	OPG Reggio Emilia	OPG Montelupo Fiorentino	OPG Napoli S. Eframo	OPG Aversa	OPG Barc. Pozzo di Gotto	TOT
Piemonte	54	4	0	0	1	5	64
Valle d'Aosta	3	1	0	0	0	0	4
Lombardia	167	41	4	1	4	7	224
Trentino	1	8	0	0	0	0	9
Veneto	6	44	4	0	1	2	57
Friuli V. G.	0	7	0	0	0	0	7
Liguria	2	10	25	1	1	0	39
Emilia Romagna	4	56	0	0	1	1	62
Toscana	0	1	47	0	1	1	50
Umbria	0	0	7	0	0	0	7
Marche	0	11	0	0	1	0	12
Lazio	1	0	4	22	70	2	99
Abruzzo	1	0	0	9	17	0	27

Regione di origine	OPG Castiglione dello Stiviere	OPG Reggio Emilia	OPG Montelupo Fiorentino	OPG Napoli S. Eframo	OPG Aversa	OPG Barc. Pozzo di Gotto	TOT
Molise	0	0	0	0	3	0	3
Campania	2	4	1	59	111	4	181
Puglia	0	1	1	2	3	43	50
Basilicata	0	0	0	1	0	1	2
Calabria	1	0	0	1	0	38	40
Sicilia	1	2	00	2	2	140	147
Sardegna	1	1	26	0	1	0	29
Senza fissa dimora	1	5	3	2	2	7	20
TOT	245	196	122	100	219	251	1133

Per quanto concerne la nazionalità dei detenuti c'è da dire che, al contrario dell'incidenza sulla popolazione detenuta nelle carceri dove la percentuale di stranieri raggiunge la soglia del 41.18%, negli OPG il numero degli internati in possesso di cittadinanza diversa da quella italiana è piuttosto bassa.

Realizzando invece un'indagine sull'età degli internati notiamo come la maggior parte dei soggetti abbia un'età compresa tra i 25 e i 54 anni. Infatti solo il 4.5% dei maschi e il 2.3% delle femmine ha un'età compresa tra i 18 e i 24 anni, mentre solo il 3.8% dei maschi e il 3.4% delle femmine ha un'età compresa tra i 65 e i 74 anni. Ad ogni modo, l'età media si assesta attorno ai 40 anni. [21]

CLASSI DI ETA'	M%	F%
18-24	4.5	2.3
25-34	27.9	24.1
35-44	33.6	33.3
45-54	20.6	26.4
55-64	9.1	10.3
65-74	3.8	3.4
75-84	0.3	-
Non indicata	0.2	-
TOT	100	100

[21] Rielaborazione dei dati DAP

3.2 Reati commessi e disturbi psichiatrici rilevati

Focalizzando ora la nostra attenzione sulle tipologie di reato commesse dagli internati, possiamo notare come in base ai dati rilevati ci sia una netta prevalenza di reati commessi contro la persona (ben 75%) e tra questi, in particolare, l'omicidio volontario consumato, seguito dalle lesioni personali, dal reato di lesioni volontarie e dai maltrattamenti in famiglia. Tra i reati contro il patrimonio commessi più spesso spiccano, invece, la rapina e il furto.

FATTO - REATO COMMESSO

Omicidio volontario consumato (art. 575)	45,7
Lesioni personali volontarie (art. 582)	8,5
Maltrattamenti in famiglia (art. 572)	5,3
Estorsione (art. 629)	3,6
Violenza sessuale (art. 609 bis)	2,2
Resistenza a un pubblico ufficiale (art. 337)	2,0
Violenza carnale (art. 519)	1,2

Sequestro di persona (art. 605)	0,9
Violenza privata (art. 610)	0,9
Omicidio preterintenzionale (art. 584)	0,8
Lesioni personali colpose (art. 590)	0,7
Violenza o minaccia a un pubblico ufficiale (art. 336)	0,6
Perquisizioni e ispezioni personali arbitrarie (art. 609)	0,5
Atti di libidine violenti (art. 521)	0,4
Minaccia (art. 612)	0,4
Strage (art. 422)	0,3
Sequestro di persona a scopo di rapina o estorsione (art. 630)	0,3
Atti sessuali con minorenne (art. 609 quater)	0,3
Omicidio colposo (art. 589)	0,2
Corruzione di minorenni (art. 530)	0,1
Percosse (art. 581)	0,1
Violenza o minaccia per costringere a commettere un delitto (art. 611)	0,1
TOTALE REATI CONTRO LA PERSONA	75,0

Dall'analisi dati risulta evidente come la maggior parte dei reati commessi dalla popolazione internata sia stata caratterizzata da un forte elemento di violenza, anche se non sono mancati casi singolari come gli autori di fatti-reato quali la falsa testimonianza, l'ingiuria, la calunnia, la mendicità e la prostituzione. Reati che in sè e per sè difficilmente farebbero pensare a una reale pericolosità sociale da tenere sotto controllo con l'adozione di una misura drastica come quella dell'OPG.

FATTO - REATO COMMESSO

Rapina (art. 628)	7,8
Furto (artt. 624, 625)	4,3
Danneggiamento (art. 635)	1,2
Ricettazione (art. 648)	0,6
Incendio (art. 423)	2,3
Atti osceni (art.527)	0,5
Prostituzione (L.1985 n.75 art.3)	0,2

Spaccio stupefacenti (L. 1975 n.685 art. 71)	0,2
Mendicità (art. 670)	0,1
Falsificazione di monete (art. 453)	0,1
Detenzione modica quantità stupefacenti (L.1990 n.309 art. 75)	0,1
TOTALE REATI CONTRO LA PROPRIETA' ED ALTRI REATI	**24,1**
Non indicato	**0,9**

Consideriamo le diagnosi realizzate in relazione ai disturbi psichici sofferti dagli internati in OPG. Come possiamo osservare dalla tabella riportata qui di seguito, seppure la gamma delle patologie rilevate sia abbastanza variegata, è evidente come la maggior parte dei pazienti soffrisse di patologie molto gravi che sono intrinsecamente legate a un elevato indice di pericolosità sociale. Prevalgono infatti, *in primis*, i disturbi schizofrenici (in particolare quello di tipo paranoide) e psicotici (NAS e delirante) e quelli di personalità (NAS, antisociale e *borderline*). Seguono, con incidenza decisamente inferiore, i ritardi mentali e i disturbi dell'umore.

DIAGNOSI	PERCENTUALE
Schizofrenia	11.00
Schizofrenia tipo paranoide	16.15
Schizofrenia tipo residuo	3.51
Schizofrenia tipo disorganizzato	2.26
Schizofrenia tipo indifferenziato	0.78
Disturbo di personalità NAS	4.29
Disturbo antisociale di personalità	3.12
Disturbo borderline di personalità	4.60
Disturbo dipendente di personalità	0.23
Disturbo impulsivo di personalità	0.08
Disturbo narcisistico di personalità	0.08
Disturbo ossessivo-compulsivo di personalità	0.08
Disturbo paranoide di personalità	1.40
Disturbo schizoide di personalità	0.55
Disturbo schizo-tipo di personalità	0.31
Demenza NAS	0.31
Disturbo correlato all'alcool NAS	1.64

Dipendenza da più sostanze	0.70
Disturbo cognitivo	0.16
Disturbo delirante	11.23
Disturbo dell'adattamento	0.23
Disturbo dell'adattamento con ansia e umore depresso misti	0,08
Disturbo dissociativo NAS	0,70
Disturbo fittizio NAS	0,08
Disturbo fittizio con segni e sintomi psichici predominanti	0,08
Disturbo mentale NAS	1,25
Disturbo post-traumatico da stress	0,16
Disturbo psicotico NAS	12,56
Disturbo psicotico breve	0,16
Disturbo schizo-affettivo	3,51
Disturbo schizofreniforme	0,08
Ipocondria	0,08
Parafilia NAS	0,16
Ritardo mentale, gravità non specificato	5,77

Ritardo mentale lieve	1,17
Ritardo mentale moderato	1,09
Ritardo mentale grave	0,31
Disturbo d'ansia NAS	0,70
Disturbo d'ansia generalizzato	0,08
Disturbo di panico senza agorafobia	0,08
Disturbo ossessivo-compulsivo	0,08
Disturbo mentale dovuto a condizione medica non classificata	0,08
Disturbo dell'umore NAS	1,01
Disturbo ciclotimico	0,16
Disturbo bipolare NAS	1,25
Disturbo bipolare, più recente episodio ipomaniacale	0,08
Disturbo depressivo NAS	1,87
Disturbo depressivo maggiore	0,31
Disturbo distimico	0,31
Diagnosi non rilevabile	0,86
Nessuna diagnosi rilevata in cartella	2,57

Nessuna patologia psichiatrica	0,62
Disturbi schizofrenici	37,3
Disturbi psicotici	23.9

[23]

[23] **ANDREOLI V.**, *Anatomia degli Ospedali psichiatrici giudiziari italiani*, Dipartimento Amministrazione Penitenziari Ufficio studi e ricerche, Roma, 2002

3.3 Rapporti familiari e dati sulla permanenza negli istituti

I soggetti con diagnosi psichiatriche che sono soggetti alla misura di sicurezza dell'ospedale psichiatrico giudiziario sembrano essere principalmente caratterizzati da due aspetti: la presenza di una sintomatologia psichiatrica che nella maggior parte dei casi risulta di una certa rilevanza e l'essere internati in una struttura di sicurezza come l'OPG. Nella vita di questi individui continuano però ad essere importanti anche altre questioni che, potenzialmente, potrebbero sortire effetti positivi e di riabilitazione sullo stato degli internati, prime fra tutte le relazioni familiari e la genitorialità.

L'essere recluso in OPG prevede *in primis* una grave limitazione della libertà e ciò comporta l'allontanamento dalla famiglia e dalle dinamiche che si sviluppano al suo interno. Gli orari e i luoghi per poter incontrare i familiari sono limitati e privi di spazi di intimità. I colloqui comunque non sempre hanno luogo o avvengono di rado perché la distanza che intercorre tra OPG e il luogo di residenza della famiglia impedisce questi normali contatti ed il recluso finisce per accusare il peso di un isolamento totale dai suoi affetti. Tutto ciò non sortisce certo effetti positivi sul possibile reinserimento sociale dell'individuo e sulla sua motivazione ad impegnarsi.

3.4 Gli OPG: strutture, staff, attività, internati, problematiche

Gli Ospedali Psichiatrici Giudiziari in Italia sono i seguenti sei: Castiglione delle Stiviere, Montelupo Fiorentino, Reggio Emilia, Napoli S. Eframo, Aversa, Barcellona Pozzo di Gotto, di cui cinque (Reggio Emilia, Montelupo Fiorentino, Aversa, Napoli, Barcellona Pozzo di Gotto) a diretta gestione dell' Amministrazione Penitenziaria mentre uno, quello di Castiglione delle Stiviere, è gestito sulla base di una convenzione tra Ministero della Giustizia e azienda ospedaliera ed è dotato di un assetto esclusivamente sanitario che vede l'assenza totale della Polizia Penitenziaria. L'OPG di Castiglione è dedicato all'esecuzione delle misure di sicurezza detentive delle donne, anche se la Conferenza Unificata Stato-Regioni del 26 novembre 2009 aveva stabilito che le donne del centro-sud avrebbero dovuto essere assegnate ad un'apposita sezione, da istituire nell'OPG di Barcellona Pozzo di Gotto.

L'organizzazione strutturale dei sei istituti era ed è piuttosto eterogenea: mentre Reggio Emilia e Castiglione delle Stiviere sono di recente costruzione, gli altri istituti sono stati ricavati dal riadattamento di edifici antichi, storicamente nati per altre funzioni. Solo Barcellona Pozzo di Gotto è stato edificato come manicomio giudiziario, ma nel 1925.

Le strutture adibite ad OPG sono ubicate in edifici non adibiti inizialmente a destinazioni ospedaliere, quali conventi, caserme, carceri. Sicuramente, questo aspetto ha creato problemi non irrilevanti nella gestione di tali strutture.

	Napoli	Reggio Emilia	Barcellona Pozzo di Gotto	Montelupo Fiorentino	Aversa	Cast. dello Stiviere
Costrutito in data	Anno 1500	Anni '80 inizio OPG 1991	Anno 1925	XVI secolo	Epoca Medioevo	Anno 1955/1960
Precedente destinazione	Convento			Fino al 1800 residenza famiglia Medici. Dal 1856 Istituto di pena e dal 1886 manicomio criminale	Castello aragonese e convento, caserma, carcere ed infine OPG	

Oltre a sensibili diversità sul piano dell'organizzazione strutturale, i sei istituti divergevano sul piano dell'organizzazione funzionale. Gli istituti a gestione diretta del Ministero della Giustizia erano condotti, con larga prevalenza, da personale della polizia penitenziaria, mentre l'istituto di Castiglione delle Stiviere era ed è caratterizzato dalla esclusiva presenza di personale sanitario. Nell'approfondire alcuni aspetti che caratterizzano questa tipologia di istituti va detto che la strutturazione interna degli stessi era, essenzialmente, caratterizzata da una suddivisione in reparti ai quali venivano assegnate le persone ricoverate, in base a criteri di natura giuridica e/o sanitaria. I criteri di natura giuridica erano rappresentati dalla posizione giuridica dell'internato che poteva essere provvisoria, o per meglio dire dovuta al fatto che l'internato non aveva ancora concluso per intero l'iter giuridico e gli veniva, quindi, assegnata una misura di sicurezza provvisoria; oppure essa poteva essere definitiva, perché tutti i procedimenti processuali si erano conclusi e la misura detentiva era stata definitivamente irrogata. In altre parole, si parlava, generalmente, di internati "provvisori" o "definitivi". I criteri di natura sanitaria riguardano la presenza o meno di uno stato di acuzie del quadro psicopatologico o di peculiari problemi internistici e/o disabilità fisiche.

L' inattuata chiusura degli Ospedali Psichiatrici Giudiziari, ventilata per anni, ha comportato una perdurante mancanza di politica manutentiva degli Istituti, alcuni dei quali ormai vetusti; questo ha causato un lento ma inesorabile degrado delle strutture che, nel tempo, ha comportato una progressiva chiusura di alcuni reparti a discapito della capienza e dell'abitabilità. Molti reparti sono stati, infatti, chiusi perché inagibili (Aversa, Napoli) o in via di ristrutturazione (Montelupo F., Barcellona P.G.).

Gli O.P.G. hanno sofferto della generale carenza di organico che affligge da sempre l'Amministrazione Penitenziaria, anche se negli ultimi anni era stato fatto qualche tentativo per aumentare il personale sanitario nella gestione degli ospiti degli O.P.G., intrapreso dalle direzioni degli istituti.

Nella stessa direzione, vi è stato qualche sforzo per migliorare e diversificare le attività di trattamento (istruzione scolastica, formazione professionale, attività sportive e ricreative) e riabilitative (attività espressive, gruppi di auto aiuto, attività lavorative). In linea generale, le attività possono essere così riassunte: a) colloqui psichiatrici e visite internistiche periodiche dei singoli internati al fine di un iniziale inquadramento diagnostico; b) individuazione del trattamento psicofarmacologico ed internistico più indicato per il singolo internato; c) gestione degli episodi di riacutizzazione del quadro psicopatologico mediante più stretta osservazione psichiatrica, interventi psicofarmacologici d'urgenza e/o contenzione fisica; d) gestione delle emergenze e dei vari problemi medici mediante interventi di guardia medica ed anche specialistici con l'ausilio della strutture dell'Unità Sanitaria Locale territorialmente competente; e) avvio di progetti risocializzanti e riabilitativi, mediante l'inserimento dei singoli internati, a seconda delle caratteristiche personologiche e quando il quadro psicopatologico ha raggiunto una fase di sufficiente compenso, in corsi di formazione professionale (es. giardinaggio, ceramica, falegnameria, legatoria), corsi di scuola elementare e media, corsi di risocializzazione ed attività espressive (disegno, pittura, musicoterapica, teatro, attività motoria, fotografia, cineforum ed attività audiovisiva, tennis), gruppi di auto aiuto per pazienti psichiatrici ed alcolisti e varie attività lavorative interne (addetto alle pulizie, servizi di edilizia e manutenzione, addetti alle operazioni di pulizia degli ambienti e delle vettovaglie, ed attività professionalizzanti). Quando la posizione giuridica è definitiva, una volta avviati i contatti con i Servizi Psichiatrici Territoriali che dovrebbero valutare i programmi di futuro reinserimento all'esterno del paziente, è possibile l'avvio di un intervento di riabilitazione più approfondito ed articolato. Oltre alle attività descritte, è possibile avviare un concreto programma di "sperimentazione esterna", caratterizzato da uscite dall'O.P.G. per lo più articolate in licenze orarie con volontari e con personale sanitario per stemperare - da un lato la crescente tensione emotiva derivante dal lungo internamento - e dall'altro favorire il progressivo riadattamento comportamentale del paziente alla vita esterna, dando così inizio ad un vero e proprio processo di riabilitazione. Allo stesso modo le uscite possono essere programmate per partecipare a gruppi di riabilitazione esterni, per l'inserimento in lavori socialmente utili o in future esperienze di Cooperative di Lavoro.

CAPITOLO QUARTO

LE LEGGI PER LA CHIUSURA DEFINITIVA DEGLI OPG

4.1 Disposizioni per il definitivo superamento degli OPG Art 3-ter della Legge febbraio 2012, n. 9 (c.d. "Svuota-carceri")

In seguito al lavoro svolto dalla Commissione Parlamentare d'Inchiesta sull'efficacia e l'efficienza del Servizio Sanitario Nazionale e alla campagna promossa dal Comitato Stop-Opg per dare un volto e un nome agli internati nei sei OPG italiani, attraverso una disposizione inserita nel corso della conversione in legge del decreto-legge 22 dicembre 2011 n. 211, recante "interventi urgenti per il contrasto della tensione detentiva determinata dal sovraffollamento delle carceri", è stato approvato uno specifico articolo di legge avente ad oggetto "Disposizioni per il definitivo superamento degli ospedali psichiatrici giudiziari" (art. 3-ter, Legge n. 17 febbraio 2012).

Si è trattato di un vero e proprio colpo di acceleratore al processo di superamento degli OPG, dal momento che il summenzionato articolo 3-*ter* prevedeva la chiusura di tali strutture entro il 1 febbraio 2013, mentre, dal 31 marzo 2013, il ricovero in OPG e in casa di cura e custodia, pur mantenendo la stessa denominazione, dovranno essere eseguite esclusivamente nelle strutture sanitarie individuate dalle Regioni.

Vediamo in dettaglio che cosa ha esattamente stabilito tale norma.

Articolo 3-*ter*
(Disposizioni per il definitivo superamento degli ospedali psichiatrici giudiziari)

Emendamento al D.L. 211/2011

1. Il termine per il completamento del processo di superamento degli Ospedali Psichiatrici Giudiziari già previsto dall'allegato C del Decreto del Presidente del Consiglio dei Ministri 1°aprile 2008, pubblicato nella Gazzetta Ufficiale n. 126 del 30 maggio 2008, e dai conseguenti accordi sanciti dalla Conferenza Unificata Stato-Regioni ai sensi dell'articolo 9 del Decreto Legislativo 28 agosto 1997, n. 281, nelle sedute del 20 novembre 2008, 26 novembre 2009 e 13 ottobre 2011, secondo le modalità previste dal citato decreto e dai successivi accordi e fatto salvo quanto stabilito nei commi seguenti, è fissato al 1° febbraio 2013.

2. Entro il 31 marzo 2012, con Decreto di natura non regolamentare del Ministro della Salute, adottato di concerto con il Ministro della Giustizia, d'intesa con la Conferenza permanente per i rapporti tra lo Stato, le Regioni e le Province autonome di Trento e di Bolzano ai sensi dell'articolo 3 del Decreto Legislativo 28 agosto 1997, n. 281, sono definiti, ad integrazione di quanto previsto dal Decreto del Presidente della Repubblica 14 gennaio 1997, pubblicato nel supplemento ordinario alla *Gazzetta Ufficiale* n. 42 del 20 febbraio 1997, ulteriori requisiti strutturali, tecnologici e organizzativi, anche con riguardo ai profili di sicurezza, relativi alle strutture destinate ad accogliere le persone cui sono applicate le misure di sicurezza del ricovero in Ospedale Psichiatrico Giudiziario e dell'assegnazione a casa di cura e custodia.

3. Il Decreto di cui al comma 2 è adottato nel rispetto dei seguenti criteri:

a) esclusiva gestione sanitaria all'interno delle strutture;

b) attività perimetrale di sicurezza e di vigilanza esterna, ove necessario in relazione alle condizioni dei soggetti interessati, da svolgere nel limite delle risorse umane, strumentali e finanziarie disponibili a legislazione vigente;

c) destinazione delle strutture ai soggetti provenienti, di norma, dal territorio regionale di ubicazione delle medesime.

4. A decorrere dal 31 marzo 2013 le misure di sicurezza del ricovero in Ospedale Psichiatrico Giudiziario e dell'assegnazione a Casa di Cura e Custodia sono eseguite esclusivamente all'interno delle strutture sanitarie di cui al comma 2, fermo restando che le persone che hanno cessato di essere socialmente pericolose devono essere senza indugio dimesse e prese in carico, sul territorio, dai Dipartimenti di Salute Mentale.

5. Per la realizzazione di quanto previsto dal comma 1, in deroga alle disposizioni vigenti relative al contenimento della spesa di personale, le regioni e le province autonome di Trento e di Bolzano, comprese anche quelle che hanno sottoscritto i piani di rientro dai disavanzi sanitari, previa valutazione e autorizzazione del Ministro della Salute assunta di concerto con il Ministro per la Pubblica Amministrazione e la Semplificazione e del Ministro dell'Economia e delle Finanze, possono assumere personale qualificato da dedicare anche ai percorsi terapeutico riabilitativi finalizzati al recupero e reinserimento sociale dei pazienti internati provenienti dagli Ospedali Psichiatrici Giudiziari.

6. Per la copertura degli oneri derivanti dalla attuazione del presente articolo, limitatamente alla realizzazione e riconversione delle strutture, è autorizzata la spesa di 120 milioni di euro per l'anno 2012 e 60 milioni di euro per l'anno 2013. Le predette risorse sono assegnate alle regioni e province autonome mediante la procedura di attuazione del programma straordinario di investimenti di cui all'articolo 20 della legge 11 marzo 1988, n. 67. Agli oneri derivanti dal presente comma si provvede, quanto a 60 milioni di euro per l'anno 2012, utilizzando quota parte delle risorse di cui al citato articolo 20 della legge n. 67 del 1988; quanto ad ulteriori 60 milioni di euro per l'anno 2012, mediante corrispondente riduzione del Fondo di cui all'articolo 7-quinquies del decreto-legge 10 febbraio 2009, n. 5, convertito, con modificazioni, dalla legge 9 aprile 2009, n. 33; quanto a 60 milioni di euro per l'anno 2013, mediante corrispondente riduzione del Fondo di cui all'articolo 32, comma 1, del Decreto-Legge 6 luglio 2011, n. 98, convertito, con modificazioni, dalla legge 15 luglio 2011, n. 111.

7. Al fine di concorrere alla copertura degli oneri per l'esercizio delle attività di cui al comma 1 nonché degli oneri derivanti dal comma 5, è autorizzata la spesa nel limite massimo complessivo di 38 milioni di euro per l'anno 2012 e 55 milioni di euro annui a decorrere dall'anno 2013. Agli oneri derivanti dal presente comma si provvede:

a) quanto a 7 milioni di euro annui a decorrere dall'anno 2012, mediante riduzione degli stanziamenti relativi alle spese rimodulabili di cui all'articolo 21, comma 5, lettera b), della Legge 31 dicembre 2009, n. 196, dei programmi del Ministero degli Affari Esteri;

b) quanto a 24 milioni di euro annui a decorrere dall'anno 2012, mediante corrispondente riduzione dell'autorizzazione di spesa di cui all'articolo 2, comma 361, della Legge 24 dicembre 2007, n. 244;

c) quanto a 7 milioni di euro per l'anno 2012 e a 24 milioni di euro annui a decorrere dall'anno 2013, mediante riduzione degli stanziamenti relativi alle spese rimodulabili di cui all'articolo 21, comma 5, lettera b), della legge 31 dicembre 2009, n. 196, dei programmi del Ministero della Giustizia.

8. Il Comitato permanente per la Verifica dell'Erogazione dei livelli essenziali di assistenza di cui all'articolo 9 dell'intesa tra lo Stato, le regioni e le province autonome di Trento e di Bolzano del 23 marzo 2005, provvede al monitoraggio e alla verifica dell'attuazione del presente articolo.

9. Nell'ipotesi di mancato rispetto, da parte delle regioni e delle province autonome di Trento e di Bolzano, del termine di cui al comma 1, in attuazione dell'articolo 120 della Costituzione e nel rispetto dell'articolo 8 della Legge 5 giugno 2003, n. 131, il Governo provvede in via sostitutiva al fine di assicurare piena esecuzione a quanto previsto dal comma 4.

10. A seguito dell'attuazione del presente articolo la destinazione dei beni immobili degli ex Ospedali Psichiatrici Giudiziari è determinata d'intesa tra il Dipartimento dell'amministrazione penitenziaria del Ministero della Giustizia, l'Agenzia del Demanio e le Regioni ove gli stessi sono ubicati».

4.2 Decreto del 19 novembre 2012 e Intese del 6 dicembre 2012 ai fini dell'implementazione della c.d. Legge Svuota Carceri per il definitivo superamento degli OPG.

Il 19 ottobre 2012 è stato pubblicato in Gazzetta Ufficiale il testo definitivo del Decreto del Ministro della Salute adottato di concerto con il Ministro della Giustizia recante i requisiti strutturali, tecnologici e organizzativi delle strutture residenziali destinate ad accogliere le persone cui sono applicate le misure di sicurezza del ricovero in ospedale psichiatrico giudiziario e dell'assegnazione a Casa di Cura e Custodia.

Tale Decreto ha dettato i c.d. requisiti minimi ed indispensabili (e comunque meramente integrativi di quelli già definiti dal D.P.R. del 14 gennaio 1997) che le strutture locali sostitutive degli OPG devono rispettare per poter essere idonee all'accoglienza degli internati attualmente soggetti alle misure di sicurezza summenzionate dell'OPG e della Casa di Cura e Custodia.

In particolare l'Allegato A del Decreto, ribadendo la funzione terapeutico-riabilitativa e socio-riabilitativa che devono espletare tali strutture residenziali, ha definitivamente stabilito che la realizzazione/gestione interna di tali istituti è di esclusiva competenza del servizio sanitario delle Regioni e delle Province Autonome di Trento e Bolzano.

L'attività perimetrale di sicurezza e di vigilanza esterna non costituisce, invece, ambito di competenza del SSN nè dell'Amministrazione Penitenziaria e di conseguenza è devoluta da ciascun ente regionale o provinciale alle relative prefetture, con cui vengono stipulati appositi accordi.

Per quanto concerne i requisiti strutturali, è previsto espressamente uno spazio verde esterno, dotato delle necessarie misure di sicurezza, dedicato ai pazienti; mentre l'area abitativa può accogliere in effetti solo 20 posti letto, da suddividersi in camere riservate a uno o due pazienti (max. 4), dotate degli arredi e attrezzature tali da garantire sicurezza, decoro e comfort.

Per quanto riguarda poi i c.d. requisiti organizzativi sono stati previsti specifici parametri volti a formare un'equipe di lavoro multi professionale, comprendente medici psichiatri, psicologi, infermieri, terapisti della riabilitazione psichiatrica/educatori, OSS.

L'organizzazione del lavoro si deve basare su un modello di governance clinico-assistenziale, in base ai quali le organizzazioni sanitarie devono impegnarsi per il miglioramento continuo della qualità dei servizi e del raggiungimento di standard assistenziali elevati. A conferma di questo la responsabilità della gestione all'interno della struttura sono di competenza di un medico dirigente psichiatra.

Le strutture residenziali, nell'ambito delle direttive dei Dipartimenti di Salute Mentale, devono inoltre adottare linee guida e procedure scritte di consenso professionale, volte a definire quantomeno le seguenti questioni:

- definizione dei compiti di ciascuna figura professionale;
- modalità d'accoglienza del paziente;
- valutazione clinica e del funzionamento psicosociale;
- definizione del programma individualizzato;

- criteri per il monitoraggio e la valutazione periodici dei trattamenti terapeutico/riabilitativi;

- gestione delle urgenze/emergenze;

- modalità di raccordo col Dipartimento Cure Primarie per garantire l'assistenza di base ai pazienti ricoverati nella struttura;

- modalità e criteri di raccordo con gli altri servizi del Dipartimento di Salute Sentale, i servizi per le tossicodipendenze, altri servizi sanitari, i servizi degli Enti Locali, le cooperative sociali, l'associazionismo, al fine di programmare le attività di recupero e di inclusione sociale dei pazienti, una volta revocata la misura di sicurezza detentiva;

- modalità di attivazione delle Forze dell'Ordine, nelle situazioni di emergenza attinenti alla sicurezza.

Infine, sempre in base all'Allegato A del Decreto sui requisiti minimi delle strutture sostitutive degli OPG, **le Regioni devono adottare un piano di formazione del personale** ivi impegnato, mirato ad acquisire e a mantenere competenze cliniche, medico legali e giuridiche, "con particolare attenzione ai rapporti con la Magistratura di sorveglianza, specifiche per la gestione dei soggetti affetti da disturbo mentale autori di reato".

"...La cosa importante è che abbiamo dimostrato che l'impossibile diventa possibile.

Dieci, quindici, vent'anni fa era impensabile che un manicomio potesse essere distrutto.

Magari i manicomi torneranno a essere chiusi e più chiusi di prima, io non lo so, ma ad ogni modo abbiamo dimostrato che si può assistere la persona folle in altra maniera, e questa testimonianza è fondamentale.

Non credo che il fatto che un'azione riesca a generalizzarsi voglia dire che si è vinto.

Il punto importante è un altro, è che ora si sa cosa si può fare..."

Franco Basaglia, Conferenze brasiliane, 1979

CAPITOLO QUINTO

LA REGIONE LIGURIA – PROGETTO REMS

Il progetto REMS, Residenze Esecuzione delle Misure di Sicurezza, si inserisce nella rete regionale dei servizi di assistenza psichiatrica agli autori di reato, che fa capo ai Dipartimenti di Salute Mentale e Dipendenze (DSMD) nell'ambito del «*Programma regionale per la salute in carcere e delle persone nel circuito penale*» (DGR 364/2012 e DGR 21.02. 2014, n.193).

5.1 Gruppo di lavoro regionale. Novembre 2012 – Marzo 2103

La Regione Liguria, tramite il "Settore Prevenzione, Sanità pubblica, Fasce Deboli, Sicurezza Alimentare e Sanità Animale", ha costituito un gruppo di lavoro interistituzionale per la progettazione del modello organizzativo della struttura deputata ad accogliere le persone con disturbo psichiatrico che hanno commesso reati.

Il gruppo che è composto da esperti e rappresentanti della Regione, dell'ASL 5 Spezzino, dell'ASL 3 Genovese, del Tribunale di Sorveglianza di Genova e del Provveditorato Regionale per l'Amministrazione Penitenziaria, ha lavorato nel periodo novembre 2012 – Marzo 2013. Sono stati studiati aspetti giuridici, logistici ed organizzativi riguardanti la tematica.

E' stata considerata la letteratura scientifica in merito all'argomento, l'esperienza diretta degli operatori – clinica e giudiziaria – e sono state esaminate pratiche in atto, anche in ambito extra nazionale, di trattamenti in assenza di vigilanza mediante organi di polizia.

5.2 La localizzazione geografica

Dove sorgerà…

- Superficie del lotto: 5.733 mq

- Superficie coperta esistente: 1.760 mq

- Interrato: 270 mq

- L'edificio è stato realizzato negli anni 60 con lo
  scopo di essere adibito a colonia estiva del CIF; ha
  avuto una parziale ristrutturazione e ampliamento nel
  2006 – 2007

- Progetto esecutivo approvato.

- Appalto gennaio 2016.

- Completamento dei lavori entro giugno 2017

La struttura è specializzata per accogliere persone – con misura di sicurezza – in condizioni di alta e media intensità di trattamento (security).

- Età superiore ai 18 anni.

- Solo di sesso maschile.

- Totale 20 posti.

- Possibilità di aggiunta di 3 – 5 posti per la prima accoglienza.
- Numero di sezioni o settori:
    a. 10 posti ad alta intensità di cura (high security)
    b. 10 posti a media intensità di cura (medium security)

La struttura allo stato attuale:

5.3   Il Modello Organizzativo

IPOTESI DI LAVORO

Modello di lavoro scelto:

- Fase di accoglienza (*admission*) e valutazione (*assessment*)

- Fase di attribuzione al livello di intensità di cura (*security level attribution*)
    - Alta intensità di cura
    - Media intensità di cura

- Procedure per la transizione o attribuzione a livelli più bassi di intensità di cura (*transition security level*)

- Criteri di valutazione per la presa o ripresa in carico da parte del DSMeD di provenienza (*community mental health services discharge*)

Accoglienza (admission):

- Aspetti amministrativi, documentazione all'accettazione.
- Ordine di consegna emesso dalla procura competente
- Documentazione identificativa ove disponibile
- Fascicolo Giudiziario (tipologia del reato, sentenze, ecc.)
- Fascicolo Sanitario (tessera sanitaria, documentazione medica, certificazioni, ecc.)
- La persona è accolta dal personale sanitario di turno e assegnata alla propria camera di Accoglienza – Osservazione.

Valutazione (assessment):

- Diagnosi psichiatrica: oltre all'esame psichico con il colloquio anamnestico – clinico psichiatrico si ritiene fondamentale l'uso di strumenti quali:
  - Manuali di riferimento (DSM5 o ICD 10, ecc.)
  - Questionari di riferimento
  - Colloquio clinico semi strutturato

Altre diagnosi:

- Medica. Anamnesi e visita, screening ematochimico di routine
- Sociale, attinente la conoscenza delle relazioni e del contesto di vita della persona.
- Di personalità (mediante strumenti per la valutazione)
- Tossicologica. Attiene ai comportamenti tossicomanici pregressi, già diagnosticati o da evidenziare

Attribuzione al livello di intensità di cura (security level attribution):

- Altri indicatori principali, oltre le diagnosi in precedenza descritte, sono:
  - Il rischio del comportamento aggressivo considerato mediante l'utilizzo di apposite schede
  - Il rischio di comportamento suicidario, sempre valutato mediante schede.

- Modalità di assunzione delle decisioni (determinazioni di staff)
  - La decisione sulla collocazione al livello di intensità di cura alto o medio è determinata:
    - dall'esame dello stato psichico,
    - dai dati clinico anamnestico conosciuti e dai punteggi nelle scale indicate,
    - dai livelli di rischio di comportamento violento e/o suicidario
    - è assunta dal gruppo curante mediante la formulazione di un giudizio scritto riportante le procedure adottate, i punteggi e le considerazioni cliniche;
    - inoltre, è necessario accludere il piano di cura.

  - Il tutto è propedeutico all'autorizzazione del Magistrato competente (Cognizione o Sorveglianza)

Modello di lavoro: Settore ad alta intensità di cura (high security). TRATTAMENTO

- Studio delle attività per il singolo paziente:
    - formulazione del piano di lavoro settimanale,
    - messa a punto dei trattamenti farmacologici,
    - dei trattamenti psicologici individuali e di gruppo,
    - valutazione dei progressi del paziente, mediante appositi strumenti.
- Verifica della assunzione della terapia farmacologica giornaliera
- Frequentazione delle sedute psicoterapeutiche e/o psico-educazionali individuali settimanali (2 – 3 sedute)
- Frequentazione delle sedute psicoterapeutiche e/o psico-educazionali di gruppo settimanali (3 sedute)
- Frequentazione delle attività occupazionali e ricreative (giornaliera)
- Verifica giornaliera oggettiva da parte del personale della frequenza dei pazienti alle attività e dei loro comportamenti quotidiani in particolare riguardo al:
    - contenimento del comportamento violento – rabbia
    - cura di sé e cura del contesto (camera, oggetti personali, relazioni con gli altri ospiti, ecc.)

Modello di lavoro: Settore a media intensità di cura (medium security) TRATTAMENTO.

- Studio delle attività per il singolo paziente, formulazione del piano di lavoro settimanale, messa a punto dei trattamenti farmacologici, terapeutici individuali e di gruppo, valutazione dei progressi del paziente, mediante appositi strumenti.
- Verifica della assunzione della terapia farmacologica giornaliera
- Frequentazione delle sedute psicoterapeutiche e/o psico-educazionali individuali settimanali (2 sedute)
- Frequentazione delle sedute psicoterapeutiche e/o psico-educazionali di gruppo settimanali (2 sedute)
- Frequentazione delle attività occupazionali e ricreative (giornaliera)
- Verifica settimanale oggettiva da parte del personale della frequenza dei pazienti alle attività e dei loro comportamenti quotidiani in particolare riguardo al contenimento del comportamento violento – rabbia e cura di sé e del contesto (camera, oggetti personali, relazioni con gli altri ospiti, ecc.)

Procedure e criteri per l'attribuzione a livelli più bassi di intensità di cura (e viceversa). <u>SINTESI</u>

- In sintesi i parametri per il passaggio da un livello di intensità superiore ad uno inferiore sono:

1. Entita' del compenso psicopatologico – compliance al trattamento farmacologico
2. Livello di rischio di comportamento violento
3. Livello di rischio di condotte suicidarie
4. Livello di adesione – evoluzione in relazione ai piani di cura
5. Livello di recupero (recovery) raggiunto

- Metodo per la decisione:

1. Discussione in gruppo
2. Analisi dei (punteggi ai) parametri di cui sopra
3. Compilazione della relazione dettagliata di passaggio e formulazione del nuovo piano di cura

«Percorso del Paziente Psichiatrico Forense Ligure ...»

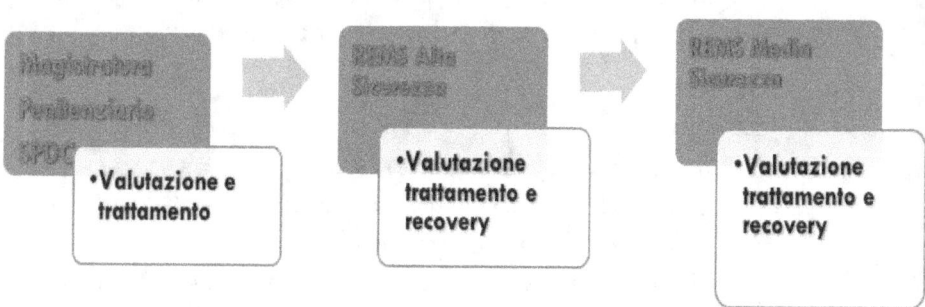

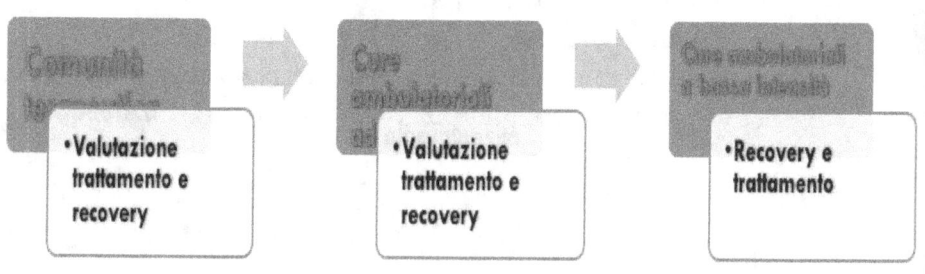

CONCLUSIONI

La chiusura degli Ospedali Psichiatrici Giudiziari, tuttora incompleta, rappresenta senza dubbio un passo in avanti importante nella direzione di civiltà del nostro Paese: dalla Legge 180-Basaglia, che sanciva la fine dei manicomi ed introduceva l'assistenza psichiatrica territoriale all'interno delle Aziende Sanitarie Locali, era rimasto irrisolto il problema degli OPG.

Luoghi dove erano rinchiusi i Rei Folli, non imputabili per le loro condizioni di salute, senza quindi una condanna penale, senza quindi un fine pena: la loro dimissione e, quindi, il termine dell'isolamento in OPG, coincideva con la loro guarigione che, spesso, non arrivava mai. Veri e propri ergastoli camuffati.

I continui rinvii, qui descritti, sono la testimonianza di quante resistenze ha posto in questi anni l'opinione pubblica, in larga parte contraria alla chiusura degli OPG. Assieme alla scarsa disponibilità degli Enti Regionali, competenti in materia sanitaria, molti dei quali sono stati o stanno per essere Commissariati per inadempienza, che non sono stati in grado di assumersi responsabilità nel deciderne la chiusura, ponendosi in contrasto con la stessa opinione pubblica. Per anni si è persa l'occasione di far crescere gli elettori su questioni culturalmente e scientificamente elevate.

Nel mentre siamo consapevoli che i grossi cambiamenti come questo hanno tempi lunghissimi, non possiamo non evidenziare che le difficoltà di attuazione della Legge sulla chiusura degli OPG non sono imputabili solamente al difficile periodo finanziario e di crisi che sta attraversando il nostro Paese. In buona sostanza, le risorse sicuramente mancano, ma da sole non spiegano tutto: c'è un ritardo culturale che andrebbe colmato quanto prima. Se le persone "remano contro" e frappongono ostacoli d'ogni natura, la colpa non è loro, ma di chi avrebbe il dovere di far crescere le coscienze, le sensibilità e, perché no?, le conoscenze sul tema. E invece, fa dell'altro.

I Rei Folli, infine, racchiudono in loro due tematiche, quella della devianza, del non rispetto delle Leggi, dei reati talora pesantissimi, della carcerazione e quella della follia, della malattia di mente, dei comportamenti violenti. Due tematiche da cui spesso fuggiamo impauriti, creando così due mondi contrapposti, ognuno dei quali tende a dimenticare l'altro: quello dei cosiddetti sani e quello dei così detti devianti.

Ma nessuno nasce deviante e solo l'integrazione può portare risultati.

Secondo noi, è arrivato il momento di provarci.

EmmeEmmePO
Edizioni

Roberto Sbrana *ringrazia:*

- Vico Rosolino Ricci, per minimo tre buoni motivi: avermi fatto conoscere, in trent'anni di lavoro fianco a fianco, una Psichiatria dal Volto Umano, non così frequente da incontrare; aver permesso che usassimo nel nostro scritto parecchie delle sue slides relative alla REMS di Calice (foto comprese) ed infine per aver accettato di scrivere la prefazione.

- Don Andrea Gallo, recentemente scomparso, per la sua amicizia ed il suo costante incoraggiamento e, soprattutto, per avermi fatto conoscere una Chiesa realmente vicina agli ultimi, non così frequente da incontrare.

- Marco Giacinto Pannella, recentemente scomparso, per aver dedicato tutta la sua vita al tema dei reclusi, dei devanti, delle carceri e, soprattutto, per avermi fatto conoscere un mondo della politica al servizio dei cittadini più deboli, non così frequente da incontrare.

Andrea Russo: *"Con questi ringraziamenti voglio esprimere tutta la mia riconoscenza verso quelle persone che mi hanno accompagnato in questo percorso: sono felice di aver costruito con loro dei legami che non hanno prezzo e che hanno un valore infinito. In particolare vorrei ringraziare mia madre che mi ha sempre spronato e incoraggiato nei momenti difficili, mio padre, i miei cugini, le mie zie Carla e Claudia e mio fratello Giacomo. Ringrazio il Dottor Roberto Sbrana per il suo supporto e la sua collaborazione nella realizzazione di questo libro e tutti gli amici che hanno condiviso con me aperitivi, cene, balli, avventure esperienze, tanti discorsi e tante risate. Infine, non posso non dire grazie alla nonna, il cui ricordo e la sua determinazione continuano a vivere in me."*

EmmeEmmePo
Edizioni

RIFERIMENTI BIBLIOGRAFICI

AIMONETTO M.G., *L'incapacità dell'imputato per infermità di mente*, Milano, Giuffrè, 1992

ANDREOLI V., *Anatomia degli OPG*, in "Rassegna penitenziaria e criminologica", 2002

ANDREOLI V., *Anatomia degli ospedali psichiatrici giudiziari italiani*, Dipartimento dell'Amministrazione Penitenziaria, Ufficio studi e ricerche legislazioni e rapporti internazionali, Roma 2002, in www.giustizia.it

BARBIERI D., *Un lager italiano: quei matti da slegare*, in "Avvenimenti", 20 Settembre 1995

BERTOLINO M., *L'imputabilità e il vizio di mente nel sistema penale*, Milano, Giuffrè, 1990

BRICOLA F., *Il sistema sanzionatorio penale nel codice Rocco e nel progetto di riforma*, in "Giustizia penale e riforma carceraria in Italia", 1974, 41

CALOGERO A., *Superamento degli OPG – Attuazione del DPCM 1 aprile 2008*, in "Psicologia e Diritto", 13 Marzo 2009, in www.siaecm.org

CAPPELLI I, *Manicomio giudiziario*, in *Enciclopedia del diritto*, Milano, Giuffrè, 1975, vol. XXV

CECCONI et. al., *Salute mentale: gli OPG sono ancora aperti*, 31 gennaio 2013, in www.stopopg.it

CECCONI S., *Stop OPG: rinviata la chiusura degli Ospedali Psichiatrici Giudiziari*, 21 Marzo 2013, in www.stopopg.it

CECCONI et al., *Report dell'incontro straordinario del Comitato Nazionale e dei Comitati Regionali di StopOPG di Roma 2013*, 5 Marzo 2013, in www.stopopg.it

CRESPI A., *Imputabilità*, in *Enciclopedia del diritto*, Milano, Giuffrè, 1970, Vol. XX

DAGA L., *Ospedali psichiatrici giudiziari, sistema penale e sistema penitenziario: appunti sulla funzione dell'OPG*, in "Rassegna penitenziaria e criminologica", 1985, 1-3

DE MARTINO E., *La terra del rimorso*, Milano, La Feltrinelli, 1961

FIDELBO G., *Art. 203, art. 207, art. 208*, in LATTANZI G. - LUPO E., *Codice penale. Rassegna di giurisprudenza e dottrina*, Milano, Giuffrè, 2010

FIORENTIN F., *Il Dl emergenza carceri – I malati mentali: Ospedali psichiatrici giudiziari verso la chiusura*, in *Guida al Diritto – Il Sole 24 Ore*, 21 Febbraio 2012

FLAQUINTI F., *Pene e misure di sicurezza: dall'Unità d'Italia ad oggi*, Napoli, Boopen editore, 2010

FOUCAULT M., *Storia della follia*, Bologna, Rizzoli, 1973

GIANNICHEDDA M.G., *Lo scandalo degli OPG*, 15 Giugno 2011, in www.stopopg.it

GOFFMAN E., *Asylum*, New York, Anchor Books, 1961

GRASSO G., *Pre-art. 199, art. 203, art. 205, art. 206, art. 207, art. 208, art. 212, art. 216, art. 222, art. 228, art. 233*, in ROMANO M. – GRASSO G. –

PADOVANI T., *Commentario sistematico del Codice penale*, Milano, Giuffrè, 2011

LUPO E. - FEDE S., *Carceri e OPG. La disumanità della pena: quali alternative?*, Roma, Psichiatria Democratica, 2011

MILITELLO V., *L'errore del non imputabile fra esegesi, dogmatica e politica criminale*, in "Rivista italiana di diritto e procedura penale", 1996, 2-3

PELLISSERO M., *Il definitivo superamento degli OPG nel tempo della crisi*, in "Diritto penale e processo", 2012, 8

PERRONE M., *Ospedali psichiatrici giudiziari verso la proroga. Psichiatri all'attacco*, 14 febbraio 2013, in www.sanita.ilsole24ore.com

PERRONE M., *Ospedali psichiatrici giudiziari: allo studio una proroga fino al 2015*, 28 febbraio 2013, in www.sanita.ilsole24ore.com

RESTA F., *Nella giusta direzione: il decreto-legge "salva-carceri"*, in "Diritto penale e processo", 2012, 3

SBRANA R., *Mettere in galera e buttare via le chiavi – Considerazioni sul tema della sicurezza dei cittadini onesti*, Sarzana, GD , 2013

SESANA I., *Ospedali giudiziari psichiatrici, lo spettro della chiusura*, in "L'Avvenire", 31 dicembre 2012

SOFRI A., *Matti da slegare. L'inferno finisce di domenica*, in "La Repubblica", 17 febbraio 2013

TRINCAS G., *La Salute Mentale bene primario da tutelare*, 15 Aprile 2013, in www.stopopg.it

VALVO G., *Il definitivo superamento degli OPG: La delicata attuazione dell'art. 3-ter D.L. 211/2001*, in "Diritto penale contemporaneo", 14 Dicembre 2012

VILLA A., *Comitato Regionale Stop OPG Lombardia: resoconto dell'incontro con la Regione Lombardia del 19 Aprile 2012*, in www.stopopg.it

Normativa interna e UE

- Dpcm 1 Aprile 2008

- Sostituzione dei manicomi giudiziari con gli OPG: L. 354/1975 (Ordinamento Penitenziario) e D.P.R. n. 431/1976

- Articoli 88 e 89 del codice penale, contenenti la definizione di "pericolosità sociale" e i presupposti per l'applicazione delle misure di sicurezza

- Superamento opg: Ministero Salute, definito riparto fondi per nuove strutture, comunicato n. 244 – 21 novembre 2012, in www.salute.gov.it

- Art. 3ter L. 9/2012, approvato con Ordine del giorno 9/4909/31, volto a modificare taluni articoli del codice penale e del codice di procedura penale in materia di imputabilità, pericolosità sociale e misure di sicurezza

- "Progetto Pagliaro", in Documenti Giust., 1992, fasc. 3, La riforma del codice penale, 306 ss.

- "Progetto Riz", in Riv. it. dir. proc. pen., 1995, 927 ss.

- "Progetto Nordio", in Cass. pen., 2005, 244 ss

- Decreto Proroga OPG: il Senato approva, ora si attende la Camera: Art. 1 d.l. 24/2013

Giurisprudenza

- Cass. SSUU, 8 marzo 2005, n. 9163

EmmeEmmePo
Edizioni

ISBN 978-1-326-77893-4